内燃叉车维修技术学习工作页

主　编　陆珈璐

副主编　薛文灵

参　编　杨柳姿　赵永霞　龙　合

　　　　赵晓艳　卢海枚　马启忠

　　　　赵精华

西南交通大学出版社
·成　都·

图书在版编目（CIP）数据

内燃叉车维修技术学习工作页 / 陆珈璐主编. —成
都：西南交通大学出版社，2020.1
ISBN 978-7-5643-7347-4

Ⅰ . ①内… Ⅱ . ①陆… Ⅲ . ①内燃叉车 – 维修 Ⅳ .
①TH242.07

中国版本图书馆 CIP 数据核字（2020）第 016538 号

Neiran Chache Weixiu Jishu Xuexi Gongzuoye
内燃叉车维修技术学习工作页

主编　陆珈璐

责任编辑	李　伟
封面设计	何东琳设计工作室

出版发行	西南交通大学出版社
	（四川省成都市金牛区二环路北一段 111 号
	西南交通大学创新大厦 21 楼）
邮政编码	610031
发行部电话	028-87600564　　　028-87600533
网址	http://www.xnjdcbs.com
印刷	四川煤田地质制图印刷厂

成品尺寸	185 mm×260 mm
印张	14.5
字数	379 千
版次	2020 年 1 月第 1 版
印次	2020 年 1 月第 1 次
书号	ISBN 978-7-5643-7347-4
定价	39.80 元

课件咨询电话：028-81435775
图书如有印装质量问题　本社负责退换
版权所有　盗版必究　举报电话：028-87600562

前　言

　　叉车，国际标准化组织 ISO/TC 110 称其为工业车辆。它广泛用于车站、港口、机场、工厂、仓库等国民经济中的多个部门，是机械化装卸、堆垛和短距离运输的高效设备。

　　本书以 CPC30 型内燃柴油动力叉车作为维修车辆，并根据人力资源和社会保障部 2010 年制定的《国家职业技能标准工程机械修理工（试行）》叉车维修工部分内容进行编写，主要包括叉车保养，叉车维修工具使用，叉车发动机、底盘系统、液压系统、电气系统和工作装置的结构、工作原理、拆装方法及故障判断与维修技术。本书采用学习工作页的形式，通过扫描二维码观看学习和维修视频完成操作练习及学习任务。本书既可作为职业技术学校、技工院校的专业课教材，也可作为相关行业的各级职业技能鉴定培训机构、企业培训部门的培训教材。

　　本书由柳州市第二职业技术学校陆珈璐担任主编，柳州市第二职业技术学校薛文灵担任副主编；柳州市第二职业技术学校杨柳姿、赵永霞、赵晓艳、卢海枚、马启忠、赵精华等老师，以及柳州柳工叉车有限公司龙合共同参与编写。

　　本书在编写过程中得到了柳州市第二职业技术学校柳工叉车维修技能大师工作室和柳州五菱物流大师工作室龙合、侯仕泉、曹礼怀等企业技能大师的技术支持，特此致谢。同时，编者也参考了部分网络数据和内容，在此向相关作者一并表示感谢。

　　由于编者水平有限，书中疏漏之处在所难免，敬请广大读者批评指正。

编　者

2019 年 11 月

目　录

叉车维修工初级篇

【工作情境描述】

小明进入叉车维修公司做叉车维修工学徒，师傅给他定下了第一个学徒目标：能独立进行叉车日常保养。小明依据学徒计划，开始进行学习。

学习任务一　认识叉车

【学习目标】

1. 认识叉车类型；
2. 了解叉车的发展史；
3. 掌握国产叉车型号编制方法；
4. 掌握叉车的基本构造。

【建议课时】

4课时。

【学习过程】

观察叉车，查阅资料并完成学习资料填写。

认识叉车

一、认识叉车类型

国际标准化组织 ISO/TC 110 把叉车称为＿＿＿＿＿＿＿＿＿＿，叉车在企业的物流系统中扮演着非常重要的角色，是物料搬运设备中的主力军。叉车广泛应用于车站、港口、机场、工厂、仓库等国民经济部门，是机械化装卸、堆垛和短距离运输的高效设备。叉车按照动力源，通常可以分为两大类：＿＿＿＿＿＿和＿＿＿＿＿＿，观察图例并填写叉车类型名称（见图 1-1-1 和图 1-1-2）。

图 1-1-1 ＿＿＿＿＿＿＿

图 1-1-2 ＿＿＿＿＿＿＿

二、叉车的发展史

叉车的起源，最早可以追溯到＿＿＿＿＿年，美国克拉克公司生产了世界上第一台前轮驱动单缸带有＿＿＿＿＿＿装置的叉车。1932 年，该公司又推出＿＿＿＿＿＿驱动、＿＿＿＿＿＿转向的叉车，被认为是现代叉车的雏形和鼻祖。

我国叉车的发展较为滞后，1953 年沈阳电工机械厂试制成功了我国第一台＿＿＿＿＿＿搬运车。1954 年，沈阳电工机械厂试制成功了我国第一台＿＿＿＿＿＿＿＿蓄电池叉车。1958 年，大连机械制造一厂试制成功了我国第一台＿＿＿＿＿＿平衡重式叉车。1962 年，上海交通大学起重运输机专业与抚顺市第二机械厂，设计试制成功了我国第一台＿＿＿＿＿蓄电池叉车。

三、叉车的基本构造

（一）国产叉车型号编制方法

我国叉车型号的编制方法，总体是按照国家行业规定的方法来进行编号的。例如：平衡重式叉车型号是按叉车＿＿＿＿＿＿、＿＿＿＿＿＿、起重量和传动方式来编制的，如图 1-1-3 所示。

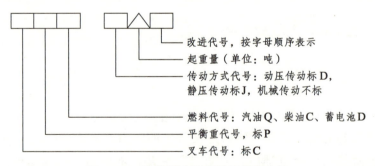

改进代号，按字母顺序表示
起重量（单位：吨）
传动方式代号：动压传动标 D，静压传动标 J，机械传动不标
燃料代号：汽油 Q、柴油 C、蓄电池 D
平衡重代号，标 P
叉车代号：标 C

图 1-1-3 平衡重式叉车型号编制方法

例如：CPD25 表示起重量为＿＿＿＿吨，传动方式为＿＿＿＿＿＿，以＿＿＿＿＿＿为燃料的平衡重式叉车；CPCD30A 表示起重量为＿＿＿＿＿＿吨，传动方式为＿＿＿＿＿＿，以＿＿＿＿＿＿为燃料，第＿＿＿＿＿＿次改进的平衡重式叉车。

（二）内燃叉车整机构造

内燃叉车可分为大吨位、中大吨位和小吨位叉车，本书以小吨位普通3吨内燃叉车为例，其整机构造主要由动力系统、液压系统、底盘系统、转向系统、工作装置、电气系统、车身系统组成。观察图1-1-4并填空。

图 1-1-4　3吨内燃叉车整机构造图

1. _____　　2. _____　　3. _____

4. _____　　5. _____　　6. _____

7. _____

学习任务二　学会使用维修工量具和维修设备

【学习目标】

1. 了解叉车常用维修工量具和维修设备的用途；
2. 掌握叉车常用维修工量具和维修设备的使用方法。

【建议课时】

10课时。

【学习过程】

叉车由成百上千个零部件组合而成，在对其进行维护保养、维修的时候，针对不同的零部件，需要使用相应的工量具和维修设备进行操作。正确和熟练地运用维修工量具和设备，既对零部件起到保护的作用，同时又能提高工作效率。

一、叉车维修常用工具的使用

（一）扳手类工具

扳手类工具是叉车维修工作中最常用的工具，其工作原理是利用杠杆原理_____螺栓、螺钉、螺母和其他螺纹紧持螺栓或螺母的开口、套孔固件。在叉车维修工作中出现扳手选用不当或使用不当的情况，不但会造成所维修的叉车零部件、扳手本身的损坏，还会造成安全隐患。因此，正确地选用和使用扳手，是一名叉车维修人员必须具备的基本维修技能。

扳手类工具

1. 认识扳手

叉车维修工作中，常用的扳手有：开口扳手、梅花扳手、活动扳手、钩头扳手、内六角扳手、套筒扳手、柴油滤清器扳手、机油滤清器扳手、扭力扳手等。

观察各类扳手实物并填空（见图 1-2-1）。

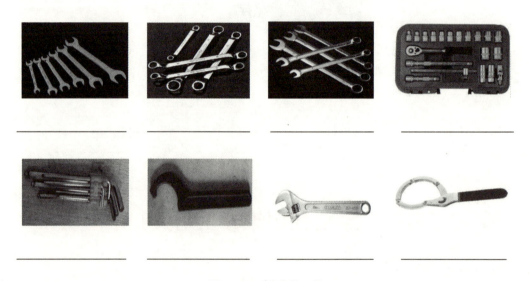

———————— ———————— ———————— ————————

———————— ———————— ———————— ————————

图 1-2-1　扳手类工具

2. 扳手使用注意事项

在扳手使用训练中，需要注意好物料的清点，包括损坏螺栓、螺母和螺钉的及时更换；严格按照螺纹联接装配标准，准确装配螺栓、螺母、弹簧垫、平垫，对角装配，预紧，分次上紧等工作要求，并掌握以下常见的螺纹联接注意知识。

1）联接螺栓损坏

叉车维修中螺栓的拆装是最基本、最简单的操作，也最容易被人忽视。但拆装不当却可能造成一些大的故障。例如：预紧螺栓_____，常见的是连杆螺栓折断，连杆瓦盖飞出，发生捣缸事故；紧固螺丝_____，导致紧固面松动，造成_____、_____、_____现象；还有_____损坏，常见的是气缸盖螺丝孔损坏，气缸盖螺栓从机体脱出或从螺孔周围拔出突起，使气缸盖变形，气缸垫压不紧，造成漏气，烧坏缸垫。这类故障的预防，要注意以下几点：

（1）重要螺栓应按规定的扭矩＿＿＿＿＿＿。扭矩＿＿＿＿＿＿，会使螺栓达到疲劳极限，内应力增加，出现隐蔽裂纹，工作中受力发生断裂。扭矩＿＿＿＿＿＿，则预紧力不足，工作中受到振动就会松动，致使螺母飞出，机件损坏。因此，对于气缸盖和连杆等处的重要螺栓，必须用＿＿＿＿＿＿＿＿＿＿，按规定的扭矩拧紧。

（2）注意螺栓防松。螺栓松动，会造成＿＿＿＿＿＿＿＿松动，螺母飞出，引起事故。装配时要注意装好防松装置，常用的防松装置有＿＿＿＿＿＿＿＿、＿＿＿＿＿＿＿＿＿＿、锁紧垫片等。使用时，弹簧垫圈应注意有无弹性、是否损坏，开口销不能用＿＿＿＿＿＿代替，锁紧垫片应检查是否折断。

（3）"＿＿＿＿＿＿＿＿＿＿""＿＿＿＿＿＿＿＿＿＿"观点不可取。一般紧固螺栓都有其能承受的规定扭矩。在安装时用一般固定扳手上紧即可，不要乱加长套管，以免损坏螺栓和螺母，紧坏丝扣。

（4）注意螺纹牙距是否相等。装配螺栓若遇到阻力＿＿＿＿＿＿拧不动时，切不可盲目强制安装，应检查螺杆和螺母的＿＿＿＿＿＿是否相符，看螺纹是粗牙还是细牙，是公制还是英制，螺距大小是否一致，若不符，应更换或选配。

2）密封面破坏

叉车维修中一些盖体、壳体类零件，要求接口＿＿＿＿＿＿，如果拆装不当，会破坏零件的密封性，造成漏气、漏油、漏水现象。例如：气缸盖、变速箱、油底壳、齿轮室盖等零件出现漏气、漏油、漏水现象。这类故障的预防要注意以下几点：

（1）按＿＿＿＿＿＿＿＿＿＿＿＿。在安装接合面时，按一定＿＿＿＿＿＿分几次均匀对称地拧紧各个螺栓。如在安装气缸盖时，应从中间向两边＿＿＿＿＿＿拧紧，分3～4次把螺栓拧到规定的扭矩。

（2）应当注意＿＿＿＿＿＿的正确安装。垫片的拆装不正确，是造成漏水、漏油、漏气现象的主要原因。垫片拆卸后，应注意按＿＿＿＿＿＿＿＿安装，不要掉面或错位。因为旧垫片已失去＿＿＿＿＿＿，错位后，不易与接合面贴合严密。垫片破损后必须更换，不可凑合使用。同时，还应注意安装垫片时切不可在垫片上＿＿＿＿＿＿＿＿＿＿，因为在高温工作时垫片上的黄油会＿＿＿＿＿＿＿＿＿＿，造成"三漏"现象。另外，涂抹黄油的垫片，经长期使用后，会粘在接合面上，拆卸时易损坏。

（3）螺栓不可＿＿＿＿＿＿＿＿。装配时，如果螺栓过松，会损坏防漏垫片，造成泄漏现象。例如：气缸盖螺栓在工作时承受着巨大的燃烧压力，最高时压力可达到5.88～6.88 MPa。

（4）如果气缸盖螺丝＿＿＿＿＿＿＿＿＿＿，在发动机瞬时爆发时，接合面会出现缝隙而漏气。因此，在装配时要使用合适的专用工具按照一定的顺序，以规定的扭矩拧紧螺栓。

3. 开口扳手训练（见表1-2-1）

表1-2-1 开口扳手训练

实训项目	开口扳手练习		实训载体	螺母、螺栓紧固训练台
任务：在实训台上使用开口扳手分别进行螺母、螺栓紧固训练。 要求：根据师傅的指令能正确选取指定扳手进行螺母、螺栓紧固；螺母、螺栓紧固做到熟练而且正确				
工具描述				
列举扳手规格				
扳手选用	正确次数		错误次数	
扳手使用	使用错误记录			
注意事项				

4. 梅花扳手训练（见表1-2-2）

表1-2-2 梅花扳手训练

实训项目	梅花扳手练习		实训载体	螺母、螺栓紧固训练台
任务：在实训台上使用梅花扳手分别进行螺母、螺栓紧固训练。 要求：根据师傅的指令能正确选取指定扳手进行螺母、螺栓紧固；螺母、螺栓紧固做到熟练而且正确				
工具描述				
列举扳手规格				
扳手选用	正确次数		错误次数	
扳手使用	使用错误记录			
注意事项				

5. 两用扳手训练（见表 1-2-3）

表 1-2-3　两用扳手训练

实训项目	两用扳手练习		实训载体	螺母、螺栓紧固训练台
任务：在实训台上使用两用扳手分别进行螺母、螺栓紧固训练。 要求：根据师傅的指令能正确选取指定扳手进行螺母、螺栓紧固；螺母、螺栓紧固做到熟练而且正确				
工具 描述				
列举扳 手规格				
扳手 选用	正确次数		错误次数	
扳手 使用	使用错误记录			
注意 事项				

6. 套筒扳手训练（见表 1-2-4）

表 1-2-4　套筒扳手训练

实训项目	套筒扳手练习		实训载体	螺母、螺栓紧固训练台
任务：在实训台上使用套筒扳手分别进行螺母、螺栓紧固训练。 要求：根据师傅的指令能正确选取指定扳手进行螺母、螺栓紧固；螺母、螺栓紧固做到熟练而且正确				
工具 描述				
列举扳 手规格				
扳手 选用	正确次数		错误次数	
扳手 使用	使用错误记录			
注意 事项				

7. 内六角扳手训练（见表 1-2-5）

表 1-2-5　内六角扳手训练

实训项目	内六角扳手练习		实训载体	螺母、螺栓紧固训练台
任务：在实训台上使用内六角扳手分别进行螺母、螺栓紧固训练。 要求：根据师傅的指令能正确选取指定扳手进行螺母、螺栓紧固；螺母、螺栓紧固做到熟练而且正确				
工具 描述				
列举扳 手规格				
扳手 选用	正确次数		错误次数	
扳手 使用	使用错误记录			
注意 事项				

8. 钩头扳手训练（见 1-2-6）

表 1-2-6　钩头扳手训练

实训项目	钩头扳手练习		实训载体	螺母、螺栓紧固训练台
任务：在实训台上使用钩头扳手分别进行螺母、螺栓紧固训练。 要求：根据师傅的指令能正确选取指定扳手进行螺母、螺栓紧固；螺母、螺栓紧固做到熟练而且正确				
工具 描述				
列举扳 手规格				
扳手 选用	正确次数		错误次数	
扳手 使用	使用错误记录			
注意 事项				

9. 活动扳手训练（见表1-2-7）

表1-2-7　活动扳手训练

实训项目	活动扳手练习		实训载体	螺母、螺栓紧固训练台
任务：在实训台上使用活动扳手分别进行螺母、螺栓紧固训练。 要求：根据师傅的指令能正确选取指定扳手进行螺母、螺栓紧固；螺母、螺栓紧固做到熟练而且正确				
工具 描述				
列举扳 手规格				
扳手 选用	正确次数		错误次数	
扳手 使用	使用错误记录			
注意 事项				

10. 滤清器扳手训练（见表1-2-8）

表1-2-8　滤清器扳手训练

实训项目	滤清器扳手练习		实训载体	螺母、螺栓紧固训练台
任务：在实训台上使用滤清器扳手分别进行螺母、螺栓紧固训练。 要求：根据师傅的指令能正确选取指定扳手进行螺母、螺栓紧固；螺母、螺栓紧固做到熟练而且正确				
工具 描述				
列举扳 手规格				
扳手 选用	正确次数		错误次数	
扳手 使用	使用错误记录			
注意 事项				

（二）钳类工具

1. 认识钳类工具

钳子，是一种用于_____、_____加工工件或者扭转、弯曲、剪断金属丝线的手工工具。钳子的外形呈 V 形，通常由_____、_____和钳嘴三部分组成。较为常用的钳子有：_____、鲤鱼钳、_____、卡簧钳等。

钢丝钳又名老虎钳，在叉车维修作业中用来_____或_____。鲤鱼钳又名鱼嘴钳，用途与老虎钳相仿，因鲤鱼钳的前部是_____，适用于_____小零件。鲤鱼钳手柄较长，可以通过选择固定销孔的位置来调节钳口的_____，以适应夹持不同大小的零件，所以其使用比老虎钳更灵活。尖嘴钳，用途与老虎钳相仿，其头部细长，能在较小的空间工作，但是尖嘴钳在使用时不能施加过大的_____，否则会使其钳口尖部_____或断裂。卡簧钳又名挡圈钳，是拆卸和安装_____的专用工具，在叉车维修中针对不同类型的弹性挡圈，应使用不同类型的卡簧钳。卡簧钳根据使用范围可分为_____（又称为"外卡簧钳"）和_____（又称为"内卡簧钳"），两者都有直嘴和弯嘴两种型号。

观察各类钳类工具实物并填空（见图 1-2-2）。

_____   _____   _____   _____

图 1-2-2　钳类工具

2. 钳类工具使用注意事项

（1）标准钳的绝缘塑料管耐压_____V 以上，作业应注意保护好绝缘手柄，避免其被碰伤、损伤或烧伤。

（2）带电操作时，先检查绝缘柄的绝缘_____，作业时手与钳头金属部分保持 2 cm 以上的距离。

（3）作业中剪切带电导线时，禁止用刀口同时剪切_____和零线，避免发生短路故障。

（4）小钳口钳在作业中不能施加过大的压力，否则会使其钳口变形或断裂。

（5）使用钳子进行剪切时，应注意剪切物的_____，避免刀口损伤。

（6）禁止将钳子当作榔头使用进行敲击。

（7）使用后切忌乱扔钳子，以免损坏绝缘塑料管，存放前_____保养，防止生锈，并注意存放处_____。

3. 钢丝钳训练（见表1-2-9）

表 1-2-9　钢丝钳训练

实训项目	钢丝钳练习		实训载体	桌式实训台
任务：在桌式实训台上使用钢丝钳套组、钢丝制作一个小产品。 要求：根据师傅的指令能正确选取钢丝钳，能使用钢丝钳切断钢丝，并使用钢丝钳将切断的钢丝做成指定的形状				
工具描述				
列举钳子规格				
钳子选用	正确次数		错误次数	
钳子使用	使用错误记录			
注意事项				

4. 鲤鱼钳训练（见表1-2-10）

表 1-2-10　锂鱼钳训练

实训项目	鲤鱼钳练习		实训载体	桌式实训台
任务：在实训台上使用鲤鱼钳夹持物品。 要求：根据师傅的指令能正确选取鲤鱼钳，并将一个盘子内的物品夹持到另外一个盘子的指定位置				
工具描述				
列举钳子规格				
钳子选用	正确次数		错误次数	
钳子使用	使用错误记录			
注意事项				

5. 尖嘴钳训练（见表 1-2-11）

表 1-2-11　尖嘴钳训练

实训项目	尖嘴钳练习		实训载体	桌式实训台
任务：在桌式实训台上使用尖嘴钳套组、电线制作一个小产品。 要求：根据师傅的指令能正确选取尖嘴钳，能使用尖嘴钳切断电线，并使用尖嘴钳将切断的钢丝做成指定的形状				
工具描述				
列举钳子规格				
钳子选用	正确次数		错误次数	
钳子使用	使用错误记录			
注意事项				

6. 卡簧钳训练（见表 1-2-12）

表 1-2-12　卡簧钳训练

实训项目	卡簧钳练习		实训载体	桌式实训台
任务：在实训台上使用卡簧钳套组完成卡簧装配。 要求：根据师傅的指令能正确选取卡簧钳，并将指定的卡簧装配到轴、孔中				
工具描述				
列举钳子规格				
钳子选用	正确次数		错误次数	
钳子使用	使用错误记录			
注意事项				

螺丝刀类工具

（三）螺丝刀类工具

1. 认识螺丝刀类工具

螺丝刀又称起子，用于_____较小、头部开有凹槽的螺栓或螺钉。在使用时，将螺丝刀的端头对准螺丝的顶部凹槽，_____方向旋转为嵌紧，_____方向旋转则为松出。叉车维修常使用的螺丝刀按照头部形状可分为一字螺丝刀、十字螺丝刀、米字螺丝刀等，按照本身的结构可分为普通螺丝刀、通心螺丝刀、短柄螺丝刀等。

观察各类螺丝刀工具实物并填空（见图1-2-3）。

_____   _____   _____

图 1-2-3 螺丝刀类工具

2. 螺丝刀使用注意事项

（1）使用前应检查螺丝刀头部的尺寸与螺钉的凹槽形状是否完全配合，要避免出现因螺丝刀头部太细而导致螺丝刀被扭曲变形。

（2）使用前应先_____螺丝刀柄和口端的_____，以免工作时滑脱而发生意外，使用后也要将螺丝刀擦拭干净。

（3）使用螺丝刀时应手心抵住_____，使螺丝刀口端与螺栓或螺钉槽口处于垂直吻合状态。

（4）使用时除施加_____外，还应施加适当的轴向力，以防止螺丝刀脱离零件，造成零件损坏或人身安全方面的问题。

（5）在对螺栓或螺丝进行拆装时，要将螺丝刀垂直地压在螺件的顶部，不要倾斜，否则会对螺丝刀或螺件造成损坏。

（6）不可将螺丝刀当撬棒或凿子使用。

（7）除_____外，其他螺丝刀的手柄不可进行敲击，避免损坏螺丝刀。

（8）使用螺丝刀紧固或拆卸带电的螺钉时，手不得触及螺丝刀的金属杆，并使其距离大于2 mm，以免发生触电事故。

（9）螺丝刀需要修复时，可以在磨石上修磨，禁止在砂轮机上打磨，以免螺丝刀退火降低硬度。

3. 十字短柄螺丝刀训练（见表 1-2-13）

表 1-2-13　十字短柄螺丝刀训练

实训项目	十字短柄螺丝刀练习	实训载体	实训台
任务：在实训台上使用十字短柄螺丝刀进行螺钉紧固训练。 要求：根据师傅的指令能正确选取螺丝刀进行螺钉紧固；螺钉紧固做到熟练而且正确			
工具描述			
列举螺丝刀规格			
螺丝刀选用	正确次数	错误次数	
螺丝刀使用	使用错误记录		
注意事项			

4. 一字通心螺丝刀训练（见表 1-2-14）

表 1-2-14　一字通心螺丝刀训练

实训项目	一字通心螺丝刀练习	实训载体	实训台
任务：在实训台上使用一字通心螺丝刀进行螺钉紧固和敲击训练。 要求：根据师傅的指令能正确选取螺丝刀进行螺钉紧固和敲击训练；螺钉紧固和敲击做到熟练而且正确			
工具描述			
列举螺丝刀规格			
螺丝刀选用	正确次数	错误次数	
螺丝刀使用	使用错误记录		
注意事项			

5. 米字普通螺丝刀训练（见表 1-2-15）

表 1-2-15　米字普通螺丝刀训练

实训项目	米字普通螺丝刀练习	实训载体	实训台
任务：在实训台上使用米字普通螺丝刀进行螺钉紧固训练。 要求：根据师傅的指令能正确选取螺丝刀进行螺钉紧固；螺钉紧固做到熟练而且正确			
工具 描述			
列举螺 丝刀 规格			
螺丝刀 选用	正确次数		错误次数	
螺丝刀 使用	使用错误记录			
注意 事项			

二、叉车维修常用量具的使用

（一）厚薄规与刀口尺

叉车维修常用量具的使用

1. 认识厚薄规与刀口尺

厚薄规又称塞尺，主要用来测量两平面之间的_____，如活塞环侧隙、端隙，气门间隙，触点间隙和一些接触面的平直度等。厚薄规片上标有厚度值，可以单独使用，也可以将两片或多片组合在一起使用，以便获得所要求的厚度。

刀口尺是用来检测工作平面形状误差的测量器具，测量面呈刀刃状，主要用来测量、检验精密平面的平面度、直线度。在叉车维修中，刀口尺经常与厚薄规一起使用来检测零部件的平面度。

2. 厚薄规使用注意事项

（1）厚薄规在_____，必须先将尺片擦拭干净，并检查尺片是否清洁，不得有折弯、锈蚀等缺陷，以免造成测量不准。

（2）使用厚薄规作业时，需要注意厚薄规的尺片_____，稍不注意就会将尺片曲伤。

（3）在使用厚薄规_____时，需要先将尺片前端一小段塞进缝内，左手拿尺套，右手食指（尽量靠近工件）压住尺片，依靠手指与尺片的摩擦力（有时衬上细纱布）轻轻地小心往前推（这种方法主要用于 0.10 mm 以下的薄尺片），避免厚薄规尺片曲伤。

（4）在立缝上塞缝的操作是左手拿_____，右手拇、食二指尽量靠前_____尺片，其他三指自然收拢，轻轻地试着向里插；在弧面上塞缝时，尺片要贴在外弧面上。

（5）不允许在测量过程中剧烈弯折厚薄规，或用较大的力硬将厚薄规插入被检测间隙，否则将破坏厚薄规的测量表面或零件表面的精度。

（6）厚薄规在测量时不能用力太大，以免厚薄规遭受弯曲或折断。

（7）厚薄规可以重叠使用，但片数_____越好。

（8）不能测量_____较高的工件。

（9）使用完后，应将厚薄规擦拭干净，并涂上一薄层工业凡士林，然后将厚薄规折回夹框内，以防锈蚀、弯曲、变形而损坏。

（10）存放时，应注意_____，且不能将厚薄规放在重物下，以免损坏厚薄规。

3. 刀口尺使用注意事项

（1）刀口尺在测量前，必须先将尺片擦拭干净，并检查刀口尺测量面是否清洁，不得有划痕、碰伤、锈蚀等缺陷，以免造成测量不准。

（2）使用刀口尺时，手应握持绝热板，以避免温度影响测量结果或使刀口尺锈蚀。

（3）使用刀口尺时不得碰撞，以确保其工作棱边的完整性，否则将影响测量的准确度。

（4）三棱尺和四棱尺使用其棱边。

（5）测量时应转动刀口尺，使其与被测面的接触位置符合最大光隙为最小条件，如两侧最大光隙相等，或两邻光隙间有一最大光隙。

（6）用刀口尺检测工件直线度时，要求工件的粗糙度不大于 0.04 μm。若粗糙度过大，光在间隙中产生散射，不易看准光隙量。

（7）刀口尺的测量精度与经验有关，由于受到刀口尺尺寸限制，它只适于测量磨削或研磨加工的小平面的直线度以及短圆柱面、圆锥面的素线直线度。

（8）使用完毕后，在刀口尺工作面上涂上防锈油并用防锈纸包好，放回尺盒中。

4. 厚薄规训练（见表 1-2-16）

表 1-2-16　厚薄规训练

实训项目	厚薄规测量气门		实训载体	实训台
任务：在实训台上使用厚薄规测量活塞环的侧隙和端隙。				
要求：根据师傅的指令能正确选取厚薄规按照发动机的参数要求测量活塞环的侧隙和端隙，并调整气门间隙				
工具描述				
列举厚薄规规格				
厚薄规选用	正确次数		错误次数	
厚薄规使用	使用错误记录			
注意事项				

5. 厚薄规和刀口尺训练（见表 1-2-17）

表 1-2-17　厚薄规和刀口尺训练

实训项目	厚薄规和刀口尺测量气缸		实训载体	实训台
任务：在实训台上使用厚薄规和刀口尺测量气缸端面平面度。 要求：根据师傅的指令能正确选取厚薄规和刀口尺测量气缸端面平面度				
工具描述				
列举厚薄规和刀口尺规格				
厚薄规和刀口尺选用	正确次数		错误次数	
厚薄规和刀口尺使用	使用错误记录			
注意事项				

（二）游标卡尺

1. 认识游标卡尺

游标卡尺是比较精密的测量长度的工具，主要用于_____、内外径、_____等的测量。游标卡尺由一个带有刻度杆（主尺）的_____和一个滑动量爪（副尺）组成。游标卡尺主尺身上刻有_____，每个刻度为 1 mm，在刻度线上标有 1、2、3 等数字，表示此处刻度读数为 1 cm、2 cm、3 cm 等；副尺上刻有游标刻度，每个刻度表示的读数为 1 mm/总刻度数。用游标卡尺测量时，测量读数 = _____+_____。

2. 游标卡尺使用注意事项

（1）游标卡尺是比较_____的测量工具，要轻拿轻放，不得碰撞或跌落地下。

（2）避免用游标卡尺来测量_____的物体，以免损坏量爪。

（3）使用游标卡尺前应先用_____将被测工件表面及量爪擦拭干净，将量爪并拢，查看游标和主尺的零刻度线是否_____。如果对齐，就可以进行测量；如未对齐，则记下_____，测量读数后用来修正。

（4）测量时，应先_____紧固螺钉，且移动游标不能_____，避免损伤。

（5）使用游标卡尺作业时，两量爪与待测物的接触不宜_____，不能使被夹紧的物体在量爪内_____。

（6）作业时不可把卡尺的两个量爪调节到接近甚至_____所测尺寸，把卡尺强制卡到零件上去，这样会使量爪_____，或使测量面过早磨损，使卡尺失去应有的_____。

（7）卡尺两测量面的连线应_____于被测量表面，不能歪斜，否则测量结果会比实际尺寸要大。

（8）测量结束后，可拧紧紧固螺母并读取尺寸。

（9）读数时，视线应与尺面_____。如需固定读数，可用紧固螺钉将游标_____在尺身上，防止滑动。

（10）实际测量时，应对同一长度_____测量，取其平均值来消除偶然误差。

（11）游标卡尺使用后，应用软布将被测工件表面及量爪擦拭干净，将量爪并拢，查看游标和主尺身的零刻度线是否_____。

（12）游标卡尺收藏时，应置于干燥的地方并注意防潮，防止其锈蚀。

3. 游标卡尺训练（见表 1-2-18）

表 1-2-18　游标卡尺训练

实训项目	游标卡尺测量气缸和活塞		实训载体	发动机测量实训台
任务：在实训台上使用游标卡尺测量气缸和活塞。 要求：根据师傅的指令能正确选取游标卡尺测量气缸的直径和深度、活塞曲轴的直径和高度				
工具描述				
列举游标卡尺规格				
游标卡尺选用	正确次数		错误次数	
游标卡尺使用	使用错误记录			
注意事项				

（三）外径千分尺

1. 认识外径千分尺

外径千分尺又称螺旋测微器，它是利用螺纹节距测量_____的精密量具，其测量精度比游标卡尺____。外径千分尺由测砧、_____、尺架、固定套筒、套管、棘轮旋钮和锁紧装置组成。外径千分尺的尾端有棘轮扳手，其作用是保证测轴的测定_____，当测定压力达到一定值时，棘轮扳手就会发生_____。

2. 外径千分尺使用注意事项

（1）外径千分尺是比较精密的测量工具，要轻拿轻放，不得碰撞或跌落地下。

（2）避免用外径千分尺来测量_____的物体，以免损坏。

（3）使用外径千分尺前应先用软布擦拭，检查测砧和测杆并拢时，微分套筒刻度的零点与固定刻度的零点_____，即零刻度线是否_____。如果未对齐，需要_____后再测量。

（4）测量时，应先_____紧固螺钉，旋转不能用力过猛，避免损伤。测量中应注意在测杆快靠近被测物体时，停止使用微分套筒旋钮，而改用微调旋钮，避免产生_____的压力，这样既可使测量结果_____，又能保护外径千分尺。

（5）使用外径千分尺测量零件时，要使测杆与零件被测量的_____一致。如测量外径时，测杆要与零件的轴线_____，不要歪斜。测量时，可在旋转微调旋钮的同时，轻轻地_____尺架，使测砧面与零件表面接触良好。

（6）使用外径千分尺作业时，与待测物的接触不宜_____，不能使被夹紧的物体再挪动。

（7）为了获得正确的测量结果，可在同一位置上再测量一次。尤其是测量圆柱形零件时，应在同一圆周的不同方向测量几次，检查零件外圆有没有圆度误差，再在全长的各个部位测量几次，检查零件外圆有没有圆柱度误差等。

（8）用外径千分尺测量零件时，最好在零件上进行_____，放松后取出外径千分尺，这样可减少测砧面的磨损。如果必须取下读数，应用锁紧装置锁紧_____后，再轻轻_____零件。不能将外径千分尺当作_____使用，因这样做不但易使测量面过早磨损，甚至会使测微螺杆或尺架发生变形而失去精度。

（9）在读数时，要注意固定刻度尺上表示_____是否已经露出。

（10）读数时，千分位有一位_____数字，不能随便省略，即使固定刻度的零点_____与可动刻度的某一刻度线对齐，千分位上也应读取为"0"。

（11）外径千分尺使用后，应用软布将被测工件表面及测砧面擦拭干净，将测砧面并拢，校正_____。

（12）外径千分尺收藏时，应置于干燥的地方并注意防潮，防止其锈蚀。

3. 外径千分尺训练（见表1-2-19）

表1-2-19　外径千分尺训练

实训项目	外径千分尺测量发动机曲柄		实训载体	发动机测量实训台
任务：在实训台上使用外径千分尺测量发动机曲柄。 要求：根据师傅的指令能正确选取外径千分尺测量发动机曲柄直径				
工具描述				
列举外径千分尺规格				
外径千分尺选用	正确次数		错误次数	
外径千分尺使用	使用错误记录			
注意事项				

（四）百分表

1. 认识百分表

百分表是利用齿条齿轮或杠杆齿轮传动，将测杆的直线位移变为指针的角位移的_____。百分表用来测量机器零件的各种_____偏差和表面_____偏差，也可以测量工件的_____尺寸，具有外廓尺寸小、质量轻和使用方便等特点。

2. 百分表使用注意事项

（1）百分表是比较精密的测量工具，要轻拿轻放，不得碰撞或跌落地下。

（2）避免用百分表来测量粗糙的物体，以免损坏。

（3）使用百分表前应先用软布擦拭。

（4）使用前，应检查测量杆活动的_____。即轻轻推动测量杆时，测量杆在套筒内的移动要灵活，没有任何_____现象，每次手松开后，指针能回到原来的刻度位置。

（5）使用时，必须把百分表固定在可靠的夹持架上，切不可贪图省事，随便将其夹在_____的地方，否则容易造成测量结果不准确，甚至摔坏百分表。

（6）测量时，不要使测量杆的行程超过它的测量范围，不要使表头突然撞到工件上，也不要用百分表测量表面粗糙度过大或有显著_____的工件。

（7）测量平面时，百分表的测量杆要与平面垂直，测量圆柱形工件时，测量杆要与工件的_____垂直，否则，将使测量杆活动不灵或测量结果不准确。

（8）为方便读数，在测量前一般都让大指针指到刻度盘的_____。

（9）多次拨动测量头，指针应能回到原位；使用前，将百分表装夹在表架或专用支架上，_____要适当，不宜_____或_____。为检验百分表装夹的可靠性，可把测量杆提起_____mm，轻轻放下，反复_____次，如对零位置无变化，则表示装夹可靠。

（10）在不使用时，要摘下百分表，解除其所有_____，使测量杆处于_____状态。

（11）百分表使用后，应用软布将被测工件表面及百分表擦拭干净。

（12）百分表收藏时，应置于干燥的地方并注意防潮，防止其锈蚀。

3. 百分表训练（见表1-2-20）

表1-2-20 百分表训练

实训项目	百分表测量发动机气缸		实训载体	发动机测量实训台
任务：在实训台上使用百分表测量发动机气缸。 要求：根据师傅的指令能正确选取百分表测量发动机气缸内径				
工具描述				
列举百分表规格				
百分表选用	正确次数		错误次数	
百分表使用	使用错误记录			
注意事项				

三、千斤顶的使用方法

1. 认识千斤顶

千斤顶是顶举重物的轻小型_____设备。千斤顶以_____驱动为主，起重范围大，常见的有_____、_____两种。其结构轻巧坚固、灵活可靠，一人即可携带和操作。千斤顶按结构特征可分为_____、螺旋千斤顶和液压千斤顶，目前叉车维修企业广泛使用的是液压式千斤顶，液压式千斤顶按其顶起质量分为 3 t、5 t、10 t 等。

2. 千斤顶使用注意事项

（1）在顶升作业时，要选择合适_____的液压千斤顶，_____超负荷承载，液压千斤顶的承载能力需_____重物重力。

（2）使用多台液压千斤顶顶升同一设备时，应选用同一型号的液压千斤顶，且液压千斤顶的额定起重量之和_____小于所承担设备重力的_____倍。

（3）液压千斤顶在使用前应擦拭干净，并应检查各部件是否灵活，有无损伤；在有载荷时切忌将快速接头_____，以免发生事故或损坏部件。

（4）液压千斤顶在使用前应放置_____，不能倾斜，底部要垫平，严防地基_____或载荷_____而使液压千斤顶倾斜或翻倒，可在液压千斤顶底部垫坚韧的枕木或钢板来扩大承压面积，以免陷落或滑动而发生事故。切勿用有_____的木板或钢板作为衬垫，防止受力时打滑，发生安全事故。重物被顶升位置必须是安全、坚实的部位，以防损坏设备。

（5）使用液压千斤顶时，应先将重物先试顶起一段距离，仔细检查液压千斤顶无异常后，再继续顶升重物。若发现垫板受压后_____、_____或液压千斤顶有倾斜时，必须将液压千斤顶_____回程，及时处理好后方可再次操作。

（6）在顶升过程中，应随重物的不断_____及时在液压千斤顶下方铺垫保险枕木架，以防液压千斤顶倾斜或活塞突然下降而造成事故。下放重物时要逐步向外_____枕木，枕木与重物间的距离不得超过一块枕木的厚度，以防意外发生。

（7）重物的顶升高度需_____液压千斤顶额定高度时，需先在液压千斤顶顶起的重物下垫好枕木，降下液压千斤顶，垫高其底部，重复顶升，直至需要的起升高度。

（8）液压千斤顶不可作为_____支承设备。如需长时间支承，应在重物下方_____支承部分，以保证液压千斤顶不被损坏。

（9）若顶升重物一端只用一台液压千斤顶时，则应将液压千斤顶放置在重物的对称轴线上，并使液压千斤顶底座长的方向和重物易倾倒的方向一致。若重物一端使用两台液压千斤顶时，其底座应略呈八字形对称放置于重物对称轴线两侧。

（10）使用两台或多台液压千斤顶同时顶升作业时，须统一指挥、协调一致、_____升降。

（11）液压千斤顶应存放在干燥、无尘的地方，不适宜在有酸碱、腐蚀性气体的工作场所使用，更不能放在室外日晒雨淋。

3. 千斤顶训练（见表 1-2-21）

表 1-2-21　千斤顶训练

实训项目	千斤顶举升叉车		实训载体		叉车
任务：在实训台上使用千斤顶举升叉车。 要求：根据师傅的指令能正确选取千斤顶举升叉车					
工具描述					
列举千斤顶规格					
千斤顶选用	正确次数		错误次数		
千斤顶使用	使用错误记录				
注意事项					

学习任务三　叉车的维修养护

【学习目标】

1. 掌握叉车维修养护的要领和要求；
2. 能独立进行叉车维修养护。

【建议课时】

30 课时。

叉车维修养护

【学习过程】

　　叉车日常维护，属于_____作业，由驾驶员负责执行。其作业内容是清洁、_____和_____，以便及时发现和排除故障隐患，确保叉车每日正常作业和行车安全。 日常维护和保养是叉车正常作业后_____都要进行的，保养后基本达到车容整洁、油水正常、不漏水、不漏油等。

　　叉车一级技术保养，是累计工作_____h 后，由驾驶员和_____共同负责执行。其作业主要内容除执行日常例行养护作业外，以清洁、紧固、_____为主，并检查有关_____、_____和_____等安全，主要是应在规定部位添加、更换_____，并对叉车的易损部位逐项进行认真检查、_____和局部更换工作。

叉车二级技术保养，是累计工作_____h后，由专业维修工负责执行。二级技术养护是养护性修理，除一级技术养护作业项目外，以_____、调整为主要内容，重点是应根据零件的自然_____、运转中发现的故障或其他先兆，有针对性地进行局部_____检查，对_____的一般零件予以修理或更换，以消除因零件的_____或因_____、_____操作不当造成的叉车局部损伤，使叉车处于正常的技术状态。

一、叉车维修养护安全规程

在进行叉车维修养护作业前，请仔细阅读并牢记以下安全规程。

1. 上下机器时操作安全事项

（1）上下机器前要_____扶手或阶梯上的油迹或污泥，此外要清理损伤的零件，拧紧松动的螺栓。

（2）只能在有阶梯或扶手的地方登上或走下机器；上下机器时要面对机器，_____，_____；保持_____接触（两脚一手或两手一脚）；禁止在机器_____时上下机器。

（3）禁止在携带工具或其他物品时_____机器，应用_____将所需工具吊上操作平台。

（4）只能在_____内启动发动机，严禁将启动电动机_____来启动发动机。

2. 维修养护作业安全事项

（1）在维护和修理机器前，在启动开关或操作杆上挂上"不能工作"或类似的_____。

（2）维修养护作业时，不_____、不_____、不留长发，否则可能卡入或者卷入控制系统或移动部件中，造成重大事故。

（3）操作或保养机器时，应戴硬质材料的_____和_____，并穿安全鞋、戴面罩和_____。

（4）在检查敞开油箱、水箱时，要防止_____进入系统部件中。

（5）在拆开盖子前，要掏空衣服_____，并小心移动扳手和螺母。

（6）禁止将维护保养溶液装在_____中。

（7）在处理_____如润滑油、燃油、冷却液、溶剂、过滤器、蓄电池和其他物质时，要遵守有关的法律法规。

（8）使用_____时要小心，不要使用_____材料作为零件的清洗剂，如柴油或汽油等，否则有着火的可能。

（9）压缩空气可能造成人身伤害，使用压缩空气_____时，要穿戴好面罩、防护服和_____。用于清洁的压缩空气最大气压应低于_____MPa。

（10）拆开_____或_____时应小心。当油_____时，被释放的高压油可能引起_____扫动。

（11）检查_____时，要戴上_____和_____，不能用裸手来检查泄漏，需要使用木板或者纸板来检查_____；即使针孔大小的_____泄漏也可能穿透肌肤，造成人身伤害。如果被喷出的高压油射中，应立即就医。

（12）在打开任何液腔或分解任何含有液体的部件之前，应事先准备好收集液体的适当容器。

3. 拓　展

叉车交车检查。

二、叉车日常维护

1. 清洗叉车上的污垢

重点部位：货叉架及门架滑道、发电机及起动器、蓄电池电极叉柱、水箱、空气滤清器。

（1）叉车外观部位可直接用_____，如车架、门架、货叉架、发动机罩等。

（2）叉车内部仅是粘积少量浮动粉尘，可用高压气体_____；粉尘过多或粘积油污时，可用水冲洗，但需注意_____的线插件部位禁止用高压水枪冲洗，冲洗之后，需等待约____min，再启动车辆。

（3）水箱表面用水冲洗时，水压不宜_____，并且水流方向和水箱表面_____，避免散热片被冲洗变形。

2. 检查各部位的紧固情况

重点部位：货叉架支承、起重链拉紧螺栓、车轮螺钉、车轮固定销、制动器、转向器螺钉。
检查方法：通过目测观察螺栓、螺母的紧固和缺失情况。

3. 检查各操纵装置的可靠性、灵活性

（1）转向：启动叉车，左右打方向盘，转向应_____，无_____现象。
（2）调节操纵手柄、方向盘倾角调节手柄、司机座椅前后调节手柄。
（3）制动踏板：启动叉车，挂挡行驶后踩刹车，观察叉车的制动距离。

4. 检查渗漏情况

重点部位：各管_____、柴油箱、机油箱、制动泵、_____、倾斜油缸、_____、水泵、发动机油底壳、变矩器、变速器、_____、主减速器、液压转向器、转向油缸。

5. 检查轮胎气压和表面伤损情况

（1）气压检查：目测各个轮胎的变形情况，变形量_____，轮胎气压_____，反之则越高；驱动轮胎的标准气压为_____MPa，转向轮胎的标准气压为_____MPa。

（2）伤损检查：目测各个轮胎表面有无_____、_____和_____，如裂纹和划伤至_____，需更换；胎面磨损至_____，也需更换轮胎。

6. 检查制动液、水量

查看制动液量是否在_____内，并检查制动管路内是否混入_____。添加制动液时，防止灰尘、水混入。向水箱加水时，应使用清洁的自来水，若使用防冻液，应加注同型号的防冻液。水温高于_____℃时，不要打开水箱盖；打开盖子时，垫一块_____，不要戴_____拧水箱盖。

7. 检查发动机机油量、液压油

先拔出_____，擦净尺头后插入再拉出检查油位是否在_____之间。工作油箱内油位应在两刻度线之间。油_____，管路中会混入空气；油太多，会从盖板_____。

8. 检查制动踏板、微动踏板、离合器踏板、手制动手柄

踩下各踏板，检查是否有异常、_____或_____。手制动手柄的作用力应小于_____N，并确认手制动安全可靠。

9. 检查皮带、喇叭、灯光、仪表等

检查皮带的松紧度是否适当，没有_____或破损，有裂纹时，须更换；喇叭、灯光、仪表均应正常有效。

检查仪表：

（1）水温表、预热显示灯显示正常。

（2）燃油表：关闭电锁显示最低值，开电锁后显示与油箱油量相应的值。

（3）充电指示灯：开_____时指示灯亮，_____后指示灯灭。

（4）机油压力报警灯：开电锁时指示灯_____，启动后指示灯_____。

（5）计时器不启动时_____，_____不闪烁；启动后，计时漏斗闪烁，计时工作。

（6）转向灯指示灯：在打转向灯时，相应方向指示灯亮。

10. 清　洗

每周清洗一次叉车车身，并清洁发动机散热器。另外，按时清洁_____，按时加注_____（各油嘴）。

润滑项目：倾斜油缸销轴、_____、转向桥支座、_____、转向连杆关节轴承。

操作方法：用黄油枪枪头_____润滑点的油杯，加注至_____溢出即可。

11. 叉车日常维护练习（见表 1-3-1）

表 1-3-1　叉车日常维护练习

实训项目	叉车日常维护		实训载体	3 t 内燃叉车	
任务：对 3 t 内燃叉车进行一次日常维护。 要求：熟记日常维护内容，熟练完成日常维护工作					
序号	步骤名称	使用工具	步骤内容		注意事项
1					
2					
3					
4					
5					
6					
7					
8					
9					
10					
注意事项：					

12.拓 展

（1）三滤更换。

（2）打黄油保养。

三、叉车一级维护

一级技术保养按照"日常维护"项目进行，并增添下列工作。

1. 检查紧固螺栓

检查紧固驱动轮胎安装螺母、转向轮胎安装螺母、车架轴承盖固定螺栓、门架轴承盖固定螺栓。

2. 检查与调整气门间隙

（1）将发动机气门罩盖拆出，调整气门。气门调整时，先_____调整螺钉锁紧螺母，用一字螺丝刀旋动螺钉，_____间隙变小，_____间隙变大。进、排气门冷态间隙分别为_____mm、_____mm，可通过厚薄规测量。调整好之后，把锁紧螺母拧紧。

（2）转动曲轴至1缸上止点，调整____缸进、排气门，____缸进气门，____缸排气门。

（3）转动曲轴至____缸上止点，调整4缸进、排气门，____缸排气门，____缸进气门。

（4）调整好所有气门后，将气门罩盖装配好。

3. 检查调整车轮制动器间隙

（1）将准备调整的前轮_____。

（2）用一字螺丝刀在制动器底板调整窗口_____拨动调整螺丝，边转动轮胎边_____，如图1-3-1所示。

（3）感觉轮子转动有_____后停止调整，防止调得_____使轮子抱死。

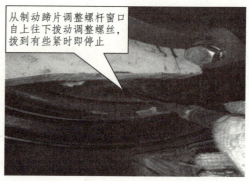

图1-3-1 调整车轮制动器间隙

4. 检查驱动桥油位

（1）将门架升起并做好安全防护措施。

（2）用扳手拆卸驱动桥壳_____，并查看油液面，如图1-3-2所示。

（3）如油液面距螺塞孔_____mm，则需添加齿轮油。

（4）添加油的型号和厂家要与旧机油一致。

图 1-3-2　检查驱动桥油位

5．检查变速器的换挡情况

（1）挂前进挡时是否顺畅。

（2）挂后退挡时是否顺畅，并检查喇叭是否有响声、倒车灯是否亮。

6．检查与调整手、脚制动器的制动片与制动鼓的间隙

（1）放松手制动手柄，_____旋转调整螺钉（见图 1-3-3），手制动_____，制动效果变好，逆时针旋转调整螺钉，手制动_____，制动效果_____。

图 1-3-3　调整手制动

（2）松开制动总泵推杆锁紧螺母，用手_____转动推杆使其顶至活塞，然后顺时针退松_____圈，使踏板的自由行程约为_____mm。

7．更换机油

更换油底壳内机油，检查曲轴箱通风接管是否完好，清洗机油滤清器和柴油滤清器滤芯。

（1）用扳手拧松放油螺塞后，把接油用的油盆放置在放油螺塞底部。

（2）用手拧出放油螺塞，使机油流入油盆中，并等待约_____min，尽量放尽机油。

（3）放油螺塞擦拭干净后，装上并拧紧。

（4）用专用机滤扳手把_____拆出。

（5）在新机油滤清器_____涂抹_____，用手旋至密封圈接触机滤座安装面后，再用专用机滤扳手旋_____圈。

（6）加注机油，机油量为_____L。

（7）启动发动机，怠速运转至机油压力警报灯灭后，并观察机油滤清器处无_____，才能正常加速使用。

8. 检查发电机、起动电机及接线头

检查发电机及起动电机安装是否牢固，接线头是否清洁牢固。

（1）用手_____发电机及起动电机_____，看是否牢固。

（2）检查接头是否有_____状腐蚀物，有则需要清理。

（3）检查蓄电池周围是否有白色粉末状腐蚀物，有则需要清理。

9. 检查风扇皮带的松紧程度

（1）松开固定发电机的两颗螺栓。

（2）用撬棍把发电机往外撬的同时，一只手用约_____kN 的力压下皮带约_____mm，此时用扳手把上支架螺母锁紧，然后松开撬棍。

（3）把下支座螺栓锁紧即可。

10. 检查调整链条长度

链条太长，货叉起升高度达不到要求；太短，会造成货叉架超出内门架槽钢的严重事故或使货叉离地面太高。

（1）叉车在水平地面停稳后，使门架垂直，在_____状态下，完全放下货叉架，此时货叉下平面离地间隙为_____mm。

（2）用手指按压链条，两链条的张紧力_____，如有差异，应松开固定在_____的螺母进行调整，如图 1-3-4 所示。

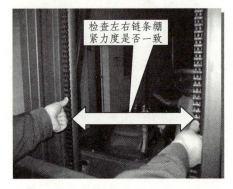

图 1-3-4　调整链条

11. 路　试

由于保养工作会拆散零部件，当重新装配后要进行叉车路试。

（1）不同程度下的制动性能，应无_____、_____。在陡坡上，手制动拉紧后，能可靠停车。

（2）倾听发动机在加速、减速、重载或空载等情况下的运转情况，是否有不正常声响。

（3）路试一段里程后，应检查_____、_____、_____、齿轮泵是否过热。

（4）检查货叉架升降速度是否正常，有无颤抖。

12. 更换柴油滤清器

（1）打开柴油箱，查看进口过滤网有否_____或者_____，并清洗或更换滤网。

（2）用专用扳手把滤清器拧出，倒出_____，将其放入_____回收箱。

（3）在新柴油滤清器的密封圈处涂抹_____，并确保密封圈在相应的圈槽内。

（4）旋紧柴油滤清器，当密封圈接触安装面后再旋_____圈。

（5）用扳手拧松柴油滤清器座_____接头，反复扳动柴油滤清器座上的手动油泵，当柴油滤清器座出油口排出的油完全没有_____时，拧紧油管接头；有专用泵油装置的直接按压泵油即可。

（6）启动发动机，如此时仍无法启动，则用扳手松开每个缸喷油器上的_____接头，再次启动把_____的空气排除，最后紧固即可。

13. 叉车一级维护练习（见表1-3-2）

表 1-3-2　叉车一级维护练习

实训项目	叉车一级维护		实训载体	3 t 内燃叉车	
任务：对3 t 内燃叉车进行一次一级维护。					
要求：熟记日常维护内容，熟练完成一级维护工作					
序号	步骤名称	使用工具		步骤内容	注意事项
1					
2					
3					
4					
5					
6					
7					
8					
9					
10					
11					
12					
注意事项：					

四、叉车二级维护

叉车二级维护

二级技术保养除完成一级技术保养各项目外，并增添下列工作。

1. 测量发动机机油压力

（1）拆下机油压力传感器。

（2）安装测压表接头。

（3）接上压力表，压力表的量程在_____MPa 内。

（4）启动发动机，在各种转速下压力表指针对应的值为_____压力，怠速压力为不低于_____MPa，中高速为_____MPa。

2. 检查喷油器喷油压力和雾化质量

（1）从发动机上拆卸喷油器。

（2）将_____接到_____校验仪上，测量压力值，正常压力为_____MPa。

3. 更换驱动桥油

（1）用扳手拧松放油螺塞后，把接油用的油盆放置在放油螺塞底部。

（2）用手拧出放油螺塞，使油流入油盆中，并等待约_____min，尽量放尽箱内的油。

（3）将放油螺塞擦拭干净后，装上并拧紧。

（4）加注驱动桥油，型号为_____重负荷齿轮油，加注量为_____L。

4. 更换制动液

（1）松开两边制动分泵上的_____螺钉，反复_____制动踏板，直至储液罐的制动液完全_____，然后拧紧排气螺钉。

（2）打开储油罐盖子，加注制动液。

（3）制动油路排空气。该项作业需两个人配合操作，一人在车上连续_____制动踏板_____次，然后用力踏住不放，另一人在车下_____制动分泵上的排气螺钉，放出制动液，直至踏板踏到底、旋紧排气螺钉后，才可放开制动踏板，以免_____再次进入。两个人反复配合操作，直至两边的制动分泵排出的油液完全没有空气。在排气过程中，制动液缺少后应及时补加，避免油完全排完又进入空气。

5. 更换冷却液

（1）将水箱盖板固定螺栓拧出，并取下水箱盖板，然后打开水箱盖。

（2）打开发动机罩后，旋松散热器底部的放水阀，将发动机的冷却液排出，并用容器盛接。

（3）在发动机冷却液排干净后，拧紧放水阀。

（4）向水箱加注防冻液。

6. 清洗驱动桥轮毂轴承并加润滑脂

（1）将叉车驱动轮悬空后，拆除_____，然后在拆除内、外螺母及螺母锁片后，把轮毂拔出。

（2）从轮毂中取出_____、_____轴承，用汽油清洗干净并晾干后，加注新_____，加注时需用手挤压油脂_____填充满滚柱。

（3）将内轴承放置到轮毂中，装上_____，然后把_____装上驱动桥。

（4）轮毂放到位后，装上_____轴承、外油封、油封座，并旋上内螺母。

（5）_____内螺母，直至轮毂只能_____转动为止，然后将螺母松约_____圈，此时轮毂应能_____转动，无卡滞现象，且无明显轴向间隙和偏摆现象，然后再_____锁紧垫圈，最后锁紧外螺母。

（6）装上半轴，重新调整制动器间隙，将叉车放下。

7. 更换液压油

（1）将叉车停放在平坦空旷的场地上，启动发动机，反复进行提升或下降货叉、前倾或后倾门架等动作，持续_____min，使液压油_____。

（2）将货叉降到地面并_____发动机，清理液压油箱的放油口，拧开放油螺塞，排出液压油，并用容器盛接。

（3）打开_____，拆掉液压油箱_____，用干净的布擦拭干净油箱底部及四壁，并更换_____。

（4）将液压油箱的放油螺塞、油箱法兰盖、各液压软管按照原位置安装好。

（5）加注液压油至油尺的_____，拧好_____。

（6）启动发动机，踩油门，操作_____次提升手柄和倾斜手柄，转动方向盘，使左右转向到最大角度，排除液压油路中的空气。

8. 调整货叉架侧滚轮间隙

（1）将叉车停放在水平地面，使门架垂直，货叉架离地面约_____m。

（2）把_____调整螺栓锁片用一字螺丝刀拨开，用内六角扳手旋转侧滚轮_____螺丝，顺时针旋转，间隙_____，逆时针旋转，间隙_____。调整前，先把左右两边4个侧滚轮完全退出，用撬棍_____货叉架，使货叉架处于门架_____的位置。

（3）调整时，先把调整螺栓拧到碰到内门架，4个滚轮均是如此，确认货叉架居中后，每个侧滚轮的调整螺钉退松_____圈，这时货叉架和内门架的间隙约为_____mm，调整好后，把门架起升到_____，下落时听是否有_____的异响，如没有，锁好锁片；如下落到某处发出卡滞的异响，则在_____重新调整。

9. 调整内、外门架侧滚轮间隙

（1）将叉车停放在水平地面，使门架垂直，货叉架离地面约_____m。

（2）把侧滚轮调整螺栓锁片用一字螺丝刀拨开，用内六角扳手旋转侧滚轮调整螺丝，顺时针旋转，间隙_____，逆时针旋转，间隙_____。调整前，先把左右两边4个侧滚轮完全退出，用撬棍移动左右内门架，使内门架处于外门架正中间的位置。

（3）调整时，先把调整螺栓拧到碰到内、外门架，4个滚轮均是如此，确认货叉架居中后，每个侧滚轮的调整螺钉退松_____圈，这时内门架和外门架的间隙约为_____mm，调整好后，把门架起升到顶，下落时听是否有卡滞的异响，如没有，锁好锁片；如下落到某处发出卡滞的异响，则在该部位重新调整。

10. 调整内、外门架主滚轮间隙

（1）将内门架分别升降到_____、_____、_____3个位置，在这3个位置用厚薄规测量外门架主滚轮和内门架之间的间隙，此时3个数值的最小值加上约_____m，即是调整垫的厚度；该间隙应为_____mm，如超过_____mm，则需进行调整。

（2）调整时，用起吊设备把内门架吊住，把两边起升油缸拆出，使内门架下沉至滑块可以取出，然后在滑块上增加测量好厚度的调整片，再把内门架拉上，重新安装起升油缸。

11. 叉车二级维护练习（见表1-3-3）

表1-3-3　叉车二级维护练习

实训项目	叉车二级维护		实训载体	3 t 内燃叉车	
任务：按照作业指导书对3 t内燃叉车进行一次二级维护。 要求：熟记日常维护内容，熟练完成二级维护工作					
序号	步骤名称	使用工具	步骤内容		注意事项
1					
2					
3					
4					
5					
6					
7					
8					
9					
10					
注意事项：					

叉车维修工中级篇

【工作情境描述】

小明进入叉车维修公司做叉车维修工已经 3 个月了，师傅给他定下的第二个学徒目标：能正确识别叉车的各个零部件，协助师傅进行部件的拆解、清洗和装配。

学习任务一　发动机维修

【学习目标】

1. 掌握柴油发动机的结构及零部件的名称、工作原理和特点；
2. 掌握柴油发动机拆装与维修的安全操作规范及注意事项；
3. 能独立进行柴油发动机总成、喷油泵、水泵、喷油器、飞轮和活塞连杆组的拆解、清洗及装配；
4. 能进行简单的柴油发动机故障辨识、诊断和排除工作。

【建议课时】

30 课时。

【学习过程】

叉车柴油发动机由上百个零部件组合而成，在对其进行拆解、清洗和装配时，针对不同的零部件，需要使用相应的工量具和部分专用设备进行操作。正确、熟练地运用维修工量具和设备既能对零部件起到保护的作用，又能提高工作效率。在实训操作学习中，拆解时需要记住拆解过程中每个零部件的名称和位置；在清洗中，需要做好部件的摆放工作，并注意场地清洁和部件标记保护；在装配中，一方面要充分利用专用工具，避免装配时损伤零件，另一方面要结合发动机手册，做到扭力、间隙和标记装配的准确性。另外在启动叉车前，必须充分检查台架固定是否牢靠、管线连接是否正确、油水是否有不足或者泄漏，在确保周围没有人或杂物，并在现场老师同意的情况下方可启动。

【特别提醒】

发动机总成在吊装时，一定要检查好吊耳、吊绳并戴好安全帽，必须在现场老师同意的情况下方可吊装。

一、柴油发动机

柴油发动机

1. 柴油发动机的特点

柴油发动机是燃烧柴油来获取能量的发动机。它是由德国发明家鲁道夫·狄塞尔（Rudolf Diesel）于_____年发明的，为了纪念这位发明家，柴油就是用他的姓 Diesel 来表示的，而柴油发动机也被称为狄塞尔发动机（Diesel engine）。柴油发动机具有_____、_____的优点，因此，工程机械行业采用的发动机主要以_____发动机为主。

2. 柴油发动机的优缺点

1）柴油发动机的优点

柴油发动机热效率和经济性较好，具有油耗低、_____、寿命长、转速低、_____的优点。特别是柴油不易蒸发，柴油发动机排出的有害气体较少（尤其是_____少）。

2）柴油发动机的缺点

柴油发动机质量较大，制造和维修费用高（喷油泵与喷油器制造_____要求高），振动噪声大，冬季冷车时_____等。而且柴油也容易氧化产生胶质，柴油发动机气缸内容易产生较多的烟灰和积炭。随着技术的发展，_____、_____、_____、中冷等技术得以在小型柴油发动机上应用，使原来柴油发动机存在的缺点得到了较好的解决。

3. 柴油发动机拆装与维修的注意事项

（1）遵守场地安全规定，严格执行操作规程。

（2）穿好工作服，戴好防护手套，不得穿凉鞋，严禁在工作场地吸烟。

（3）作业前先清扫作业场地，避免尘土和油水造成操作安全事故。

（4）对设备外部进行清洗，除去外表的油污和灰尘，放尽需拆卸部件内的油或水，并收集放到指定地点，不准随意乱丢。

（5）作业前，检查地面是否平坦坚实，使用三角木固定 4 个车轮，用砧木支承好车架的前后端后，必须检查支撑牢固和楔紧，严禁用砖块、泥块等易碎品支垫千斤顶或叉车。

（6）作业前需要先检查工具是否安全、可靠。

（7）严禁在吊起或千斤顶顶起而无安全支承的车桥、车架下面作业，或者在发动着的车辆下面作业。

（8）进行拆卸作业前，应按照先外后内、自上而下的原则逐件进行拆卸，拆卸的零部件要有次序地放好，必要时要做上记号，以方便装配。

（9）发动机拆装前需要检查油液，保证冷却液、燃油和机油放净，并释放燃油、液压油压力。

（10）发动机拆装时，应检查所有外在连接件是否拆除干净。

（11）使用砂轮机、空气压缩机等机具时，必须严格遵守有关安全操作规程，防止发生安全事故；使用检测仪器前，应认真掌握检测仪器的使用方法和注意事项。

（12）作业中防止工具打滑、脱手伤人，或者重物翻倒、掉落伤人，同时注意脚底下的油污，防止操作时滑倒。

（13）拆卸较大的部件，需使用起重设备工具时，要严格执行起重作业安全操作规程，零部件的起吊位置要选择恰当，捆绑的钢丝绳要牢固可靠，起吊时要有专人负责指挥。不准使用叉车、装载机等工程机械配合起吊。

（14）在拆卸弹簧、轮胎、钢圈、蓄能器等有内力的零部件时，要采取安全可靠的措施，先释放内存的压力后再行拆卸，严禁在不采取任何措施的情况下盲目拆卸。

（15）凡是螺栓、螺母所使用的平垫圈、弹簧垫圈、锁止垫圈、开口销、垫片及其他金属索线等，必须按照规定装配齐全；主要螺栓紧固后，螺纹杆部应伸出螺母 1~3 扣；对于一般螺栓，要求螺纹不低于螺母上平面，在不妨碍使用的情况下，允许高出螺母 3 牙以上。

（16）对于螺纹连接件的拆卸，应选用合适的呆扳手、梅花扳手、套筒扳手及专用工具，不可使用活扳手或手钳，以免损伤螺母或螺栓头的棱角。对于双头螺栓，如有变形，则不可再用；如果螺纹断扣、滑牙不可修复时，都应更换。

（17）拆装油管时，必须先进行泄压处理，拆装时切勿拉伸、扭曲或弯折管路和软管。

（18）拆卸线路时，应做好防短路处理；在拆卸线束连接器（插接口）时，应拉动插座本体，不允许拽动线束，以免损坏引线。

（19）在任何零件的加工面上锤击时，都必须垫以软金属或垫棒，不可用锤子直接敲打。

（20）操作过程中，注意拆卸下来的零部件摆放有序（如果连接面接触桌面，需要做好防刮花和变形保护），确保在安装过程中不会出现错装、漏装、遗失零部件的现象。

（21）所有零件在组装前必须经过彻底清洗并用压缩空气吹干，经检验确认合格后方可装配。

二、发动机总成拆装

（一）认识发动机

发动机结构如图 2-1-1 所示。

发动机总成拆装

配气机构
燃油供给系统
曲柄连杆机构

冷却系统
充电系统
润滑系统
起动系统

图 2-1-1　发动机结构

内燃叉车的动力系统主要采用的是柴油发动机。柴油发动机主要由两大机构五大系统组成，分别是＿＿＿＿＿＿＿＿、＿＿＿＿＿＿＿＿和＿＿＿＿＿＿＿＿、＿＿＿＿＿＿＿＿、＿＿＿＿＿＿＿＿、＿＿＿＿＿＿＿＿、＿＿＿＿＿＿＿＿。

1. 发动机两大机构

1）曲柄连杆机构

组成：由机体组、活塞连杆组、曲轴飞轮组等组成。

作用：活塞承受燃气压力在缸内做直线运动，通过连杆转换成曲轴的_____，对外输出动力。

2）配气机构

组成：由_____、_____、_____等组成。

作用：定时开启和关闭进气门和排气门，使可燃气体进入气缸，并排出废气，实现换气过程。

2. 发动机五大系统

1）燃油供给系统

组成：由柴油供给、空气供给、混合气形成及废气排出四部分组成。

作用：配制一定数量和浓度的混合气体进入气缸，并使燃烧后的废气从气缸排放到大气中去。

2）冷却系统

组成：由冷却水套、水泵、风扇、散热器、节温器等组成。

作用：将受热部件的热量吸收，并及时散发出去，保证发动机适宜的工作温度。

3）润滑系统

组成：由_____、_____、_____和_____组成。

作用：润滑发动机相对运动的各个零部件，并对其进行清洗和冷却。

4）起动系统

组成：由起动机、蓄电池等部件组成。

作用：使发动机由静止状态过渡到工作状态，是一套完成发动机起动的装置。

5）充电系统

组成：发电机。

作用：对除起动机以外的所有用电设备供电，若还有剩余能量，再向蓄电池充电。

（二）安全操作规程

（1）检查发动机是否完全冷却（热机状态下机件会变形）。

（2）发动机吊装时必须连接牢固，以确保起吊的安全性。吊装发动机等总成时，必须由专人负责指挥，操作过程中不可将手脚伸入易被挤压的部位，避免发生安全事故。

（3）发动机总成解体时，应使用专用工具或机具，按照分解顺序进行。对较难拆卸的零件，必须采用合理有效的方法，不得违反操作规程。

（4）拆卸燃油管时，因燃油管口有压力，在松开软管接头前，应先将抹布放到分离点处，然后小心地拔下软管以卸压，并用抹布擦净流出的燃油。

（5）拆卸蓄电池接线柱引线时，应拉动插座本体，以免损坏引线。

（6）在拆开真空软管时，必须在其端头做出安装位置标记，以保证安装的准确性；在脱开真空软管时，只能拉动软管的端头，不允许拉软管的中部。

（7）在拆卸线束连接器时，只能用手握住连接器并拉开，不允许拽动线束。

（8）拆卸和安装散热器时，切勿拉伸、扭曲或弯折制冷剂管路和软管，以免损坏这些管路及冷凝器。

（9）对于出厂前已涂有密封紧固胶的零件，在重新安装时必须除净残胶油污，涂上所规定的密封紧固胶并加以密封或紧固。

（10）在拧紧螺栓、螺母时，尽量不要用活动扳手，应使用各种标准的专用扳手或开口扳手。对于重要部件的螺栓、螺母，还应使用扭力扳手，按规定扭矩拧紧。

（11）必须明确零件配合性质和要求，掌握过盈配合及间隙配合的技术标准。过盈配合件装配时，应先涂润滑油脂，以防磨损。过盈配合件的装配一般采用压合方法，避免用铁锤敲击。如果确需使用，可用紫铜或木材等较软的锤子轻轻打击。过盈量大的配合件，装配时要采用辅以加热外套的方法。关键部位的重要间隙必须合理地给予保证。例如：活塞与气缸壁的间隙，主轴颈、连杆轴颈的间隙，曲轴、凸轮轴的轴向间隙，气门间隙等。

（12）曲轴的配重不能互换，各缸活塞、活塞连杆组的质量差不能大于允许值，以免造成运行时的剧烈振动。

（13）滑动轴承与轴颈以及有相对运动的摩擦表面在装配时应涂以机油。

（14）密封件安装后无渗漏。安装油封前，应在油封座及油封外表面涂上密封胶，并保证其平整后安装到位。安装曲轴前油封时，应检查曲轴皮带盘的凸缘，若油封颈处有明显的唇口沟槽，则应予以修复或更换新件。

（三）发动机总成拆装

1. 工具准备

开口扳手套组，梅花扳手套组，13 mm、16 mm 和 18 mm 套筒扳手。

2. 安全注意事项

（1）将叉车停放到作业区域，门架垂直后完全落到底，熄火后拉上手制动。

（2）作业所需的工具在作业前整齐摆放在工作台上，作业后也应摆放整齐。

（3）装配前必须认真清洗零件，保持设备、工具、工作场地的清洁，应注意仔细检查和彻底清洗气缸体、曲轴上各润滑道，并用压缩空气吹净。

（4）在装配过程中，应尽量采用专用工具，以防损坏零件。

（5）注意将所有管路（如燃油管、液压管、活性炭罐管、冷却液和制冷剂管、制动液管、真空管）及所有导线恢复到位，所有运动部件及发热部件间应留有足够的间隙。

（6）不可互换的机件，如气缸体与飞轮壳，各活塞连杆组及与其对应的气缸等，应按照其原位安装，不得错乱。对于相互位置有记号的零部件，如曲轴与飞轮、喷油正时等，必须按照标记对准，不得错位。

（7）对于出厂前已涂有密封紧固胶的零件，在重新安装时必须除净残胶油污，涂上规定的密封紧固胶并加以密封或紧固。

3. 发动机总成拆卸步骤

（1）打开水箱和发动机的放水阀，并用水盆接好流出的防冻液；待防冻液完全流尽后，关闭放水阀。

（2）打开发动机罩，拆除蓄电池连接线，拆除蓄电池。

（3）拆除空气滤清器总成及其接管。

（4）退出护顶架前、后立柱灯线的插件。

（5）使用起重设备吊装护顶架，使用 18 mm 套筒拆除前两侧立柱紧固螺栓和后两侧底部螺栓。

（6）操作起重设备将护顶架连同发动机罩一起吊出。

（7）拆除发动机上的水温传感器、机油压力传感器、电子控制单元（ECU）的电线接头或接插件。

（8）拆除排气管，并使用堵盖将发动机的排气管口堵住，防止异物落入。

（9）拆除发动机接至油箱上的进、回油管接头，将油管放到发动机上。

（10）拆除齿轮泵的进、出油管；拆除时，需在齿轮泵下方放置油盆，接住漏出的液压油。

（11）拆除水箱的上、下水管，并拆除水箱。

（12）使用起重设备固定住发动机，拆除发动机左、右两边支架固定螺栓，并拆除螺栓、垫片和螺母。

（13）拆除离合器盖板，并取出。

（14）拆除离合器压盘和离合器摩擦片，并取出。

（15）将千斤顶放入变速箱底部，将变速箱撑住；拆除变速箱和发动机的连接螺栓，并取出。

（16）拆除发动机和变速箱的连接螺栓。

（17）将发动机吊出，并安放在专用工装中。

4．发动机总成保养和易损件更换

（1）擦拭发动机，并检查各紧固件是否牢固。

（2）检查起动机与蓄电池、起动机继电器或组合继电器、开关之间的各连接导线及连接片的连接是否牢固，其连接处接触是否良好，导线的绝缘是否损坏，发现导线与接线柱有油污或氧化情况时应清除，使之保持干净。

（3）检查发动机上管路是否有老化现象，有则更换。

（4）准备发动机易损件套件，并进行更换。

5．发动机总成装配步骤

（1）使用起重设备将发动机吊上叉车，并使各孔位对准，放定位螺栓。

（2）连接变速箱，安装连接螺栓，并多次对角拧到规定力矩，取出变速箱下的千斤顶。

（3）取出定位螺栓，放置发动机支架橡胶垫片、固定螺栓和垫片，安放发动机并紧固螺栓。

（4）装配离合器压盘、离合器摩擦片，并调试正常。

（4）安装离合器盖板，并安装螺栓。

（5）连接齿轮泵的进、回油管。

（6）连接发动机上的进、回油管并与油箱接好，同时进行发动机燃油泵油。

（7）连接排气管。

（8）装配水箱。

（9）连接发动机和水箱的进出水管。

（10）连接水温传感器、机油压力传感器、ECU 等电线接头或接插件。

（11）将护顶架吊上叉车。

（12）固定护顶架。

（13）连接护顶架前、后立柱灯线的插件。

（14）连接空气滤清器总成和接管。

（15）安装蓄电池和电源连接线，关闭发动机罩。

（16）在水箱中加注冷却液。

（四）发动机总成拆装内容

发动机总成拆装见表 2-1-1。

表 2-1-1　发动机总成拆装

实训项目		发动机总成拆装	
任务：将发动机总成从整车上拆卸下来并进行保养和易损件更换，然后将发动机总成装回整车内并调试			
		工作内容	注意事项
发动机总成拆装	工具准备	需要使用的工具：	
	发动机总成拆卸	发动机总成拆卸步骤：	
	发动机总成保养与易损件更换	需要保养和更换的零件：	
	发动机总成装配与调试	变速箱总成装配与调试步骤：	

三、喷油泵的拆装

（一）认识喷油泵

喷油泵是柴油机的一个重要组成部分，被视为柴油发动机的"心脏"部件（见图 2-1-2），它一旦出现问题，会使整个柴油机工作失常。

喷油泵的拆装

图 2-1-2　双缸喷油泵

1. 喷油泵的分类和组成

喷油泵按照作用和原理的不同分为柱塞式_____、_____和_____等。

（1）柱塞式喷油泵是由_____、_____、_____和_____组成，如图 2-1-3 所示。

图 2-1-3　四缸柱塞式喷油泵

（2）柱塞式喷油分泵如图 2-1-4 所示。

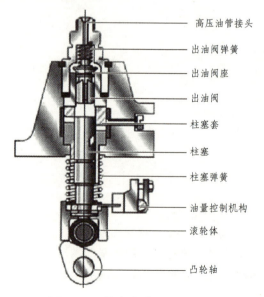

高压油管接头
出油阀弹簧
出油阀座
出油阀
柱塞套
柱塞
柱塞弹簧
油量控制机构
滚轮体
凸轮轴

图 2-1-4　柱塞式喷油分泵结构

多缸发动机喷油泵可以将与发动机缸数相同的几组泵油机构安装在同一个壳体内，其中的每个泵油机构成为分泵。它的工作过程分为＿＿＿＿＿＿、＿＿＿＿＿＿和＿＿＿＿＿＿，如图 2-1-5 所示。

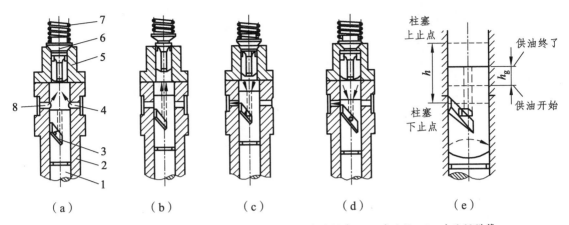

1—柱塞；2—柱塞套；3—斜槽；4，8—油孔；5—出油阀座；6—出油阀；7—出油阀弹簧。

图 2-1-5　多缸发动机喷油泵工作原理

① 进油阶段：凸轮轴凸起部分转动，柱塞从柱塞顶平面低于进油孔以下时至下止点，燃油在真空吸力及输油泵的压力下充满泵油室，如图 2-1-6 所示。

② 供油阶段：当柱塞向上移动到将进油孔关闭时，泵油室内的燃油压力迅速升高，推开出油阀，将高压油压入高压油管，如图 2-1-7 所示。

③ 回油阶段：高压油道通过柱塞上的直槽或中心油道流回低压油道时，出油阀在弹簧预紧力的作用下迅速回位，喷油泵停止供油，如图 2-1-8 所示。

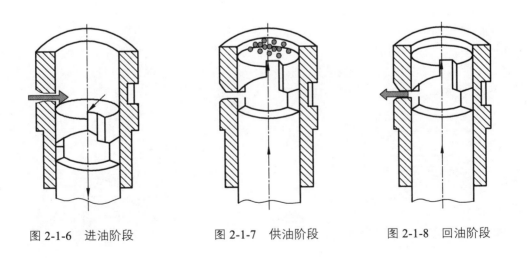

图 2-1-6　进油阶段　　　　图 2-1-7　供油阶段　　　　图 2-1-8　回油阶段

（3）油量调节机构。

油量调节机构分为齿条式和拨叉式，如图 2-1-9 所示。

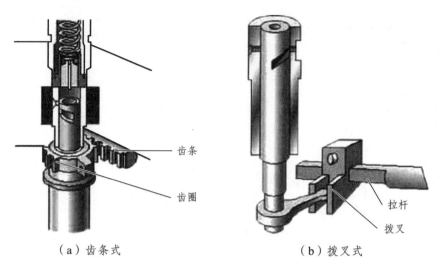

（a）齿条式　　　　　　　　　　　　（b）拨叉式

图 2-1-9　油量调节机构

油量调节机构的作用是根据柴油机负荷和转速的变化，相应地改变喷油泵的供油量，并保证各缸供油量一致。喷油泵供油量的改变可以通过转动柱塞以改变柱塞有效行程的方法来实现，转动柱塞的机构就是油量调节机构。它可以由驾驶员直接操控或由调速器自动控制。

（4）传动机构。

传动机构由喷油泵凸轮轴和滚轮传动部件组成。喷油泵凸轮轴两端通过圆锥滚子轴承支承在喷油泵壳体上，前段有联轴节，与喷油提前角自动调节器相连，后部与调速器相连。滚轮传动部件的功用是将凸起的旋转运动转化为直线往复运动，推动柱塞上行供油，此外还可以用来调整各分泵的供油提前角。实际上，调整供油提前角的方法有两个：一是通过改变滚轮传动部件高度的方法对单个分泵进行调整，使分泵的供油提前角一致，供油间隔角相等；二是通过调整联轴节或喷油提前角自动调节器的方法对所有分泵进行统一调整，达到柴油机规定的供油提前角要求。

（5）滚轮传动部件。

如图 2-1-10 所示为出油阀和出油阀座式喷油泵精密件，其配合间隙小，密封锥面已经过配对研磨，不能互换。供油阀弹簧在装配时需要有一定的预紧力，保证供应压力不低于一定值，如图 2-1-11 所示。

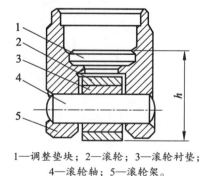

1—调整垫块；2—滚轮；3—滚轮衬垫；
4—滚轮轴；5—滚轮架。

图 2-1-10　滚轮传动部件

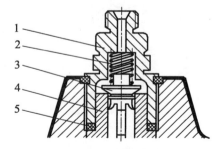

1—出油阀预紧座；2—出油阀弹簧；3—出油阀；
4—出油阀座；5—垫片。

图 2-1-11　滚轮传动部件结构

2. 转子式分配泵

（1）VE 型分配泵主要组成零件结构如图 2-1-12 所示。

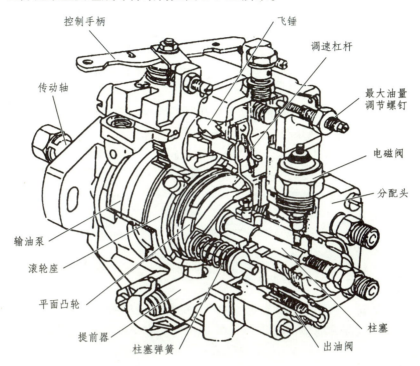

图 2-1-12   VE 型分配泵结构

VE 型分配泵喷油系统如图 2-1-13 所示。

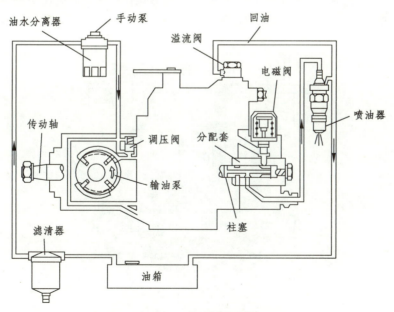

图 2-1-13   VE 型分配泵喷油系统

① 柴油机启动前，先手动泵油，通过顶盖上的溢流阀排除柴油管中的＿＿＿＿＿＿＿。

② 柴油机运行时，由曲轴齿轮带动分配泵的传动轴，其前端的滑片式输油泵将＿＿＿＿＿从油箱中抽出，经过柴油滤清器和＿＿＿＿＿＿＿＿＿＿过滤掉油中的水和杂质后进入输油泵，使柴油油压增大。

③ 柴油进入分配泵泵体内，再经过电磁阀进入柱塞腔。

④ 柱塞向上运动时，压缩柴油产生＿＿＿＿＿＿＿，经过柱塞中的油道和出油孔，分配到泵体上相应气缸的油道。

⑤ 高压柴油再经过出油阀、高压油管和喷油器喷入对应的气缸。

⑥ 泵体内多余的柴油则从顶盖上的溢流阀返回＿＿＿＿＿＿＿＿。

VE 型分配泵喷油系统的优点是柴油能够带走油路中的气泡和零件摩擦产生的热量，还可以润滑零件，与此同时，泵体内的柴油压力控制提前器，相应改变喷油提前角。

（2）转子分配式喷油泵有柱塞式和转子式两大类，具有结构＿＿＿＿＿＿＿、质量较小、维修容易、供油均匀及凸轮升程小等优点。

3. 喷油泵的功用

按照柴油机的运行工况和气缸的工作顺序，喷油泵以一定的规律定时、定量地向喷油器输送＿＿＿＿＿＿＿＿＿＿＿。

想要让柴油机运转，就需要油和空气，油箱里的柴油经过高压泵增压后变成高压燃油，并经喷油泵喷出后与空气充分地结合，它们在一定温度和压力下就会＿＿＿＿＿＿＿，使柴油机开始工作。

4. 调速器的分类和功用

目前，叉车中广泛采用机械离心式调速器，它主要分为两极式调速器和全程式调速器。两极式调速器只在柴油机＿＿＿＿＿＿＿＿＿＿和＿＿＿＿＿＿＿时起调节作用；全程式调速器不仅在最低和最高转速可以调节，而且可以根据负荷大小保持和调节在任意选定的转速下稳定工作。两极式调速器如图 2-1-14 所示，全程式调速器如图 2-1-15 所示。

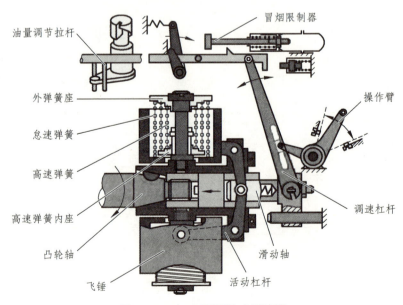

油量调节拉杆
冒烟限制器
外弹簧座
怠速弹簧
高速弹簧
操作臂
高速弹簧内座
调速杠杆
凸轮轴
滑动轴
飞锤
活动杠杆

图 2-1-14　RQ 型两极式调速器

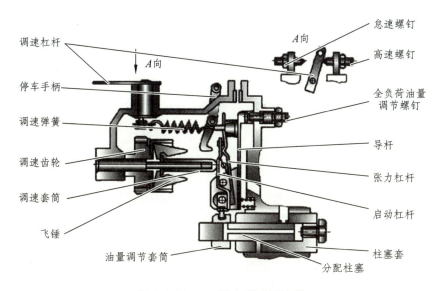

调速杠杆　停车手柄　调速弹簧　调速齿轮　调速套筒　飞锤　油量调节套筒

怠速螺钉　高速螺钉　全负荷油量调节螺钉　导杆　张力杠杆　启动杠杆　柱塞套　分配柱塞

A向　A向

图 2-1-15　VE 型全程式调速器

（二）安全操作规程

（1）拆卸燃油管时，因燃油管中有压力，在松开软管接头前，应先将抹布放到分离点处，然后小心地拔下软管以泄压，并用抹布擦净流出的燃油。

（2）在拆卸线束连接器时，切勿拉伸、扭曲或弯折，以免损坏管路。

（3）对于核心件，首先要熟悉其结构，然后按照合理的工艺规程拆卸。

（4）拆卸必须在完全冷却后进行，以免机件变形。

（5）严格按照拆装顺序和要求进行操作，零部件和工具摆放在适当区域。

（6）在操作过程中注意相互间的配合，保证人身安全。

（7）坚持"三不落地"（油、水、物不落地）和"四清洁"（双手、零件、工具和场地清洁）。

（三）喷油泵总成拆装

1．工具准备

喷油泵专用拆卸工具一套（包含喷油泵凸轮轴柱塞弹簧拆卸器）。

2．安全注意事项

（1）作业前将所需的工具整齐摆放在橡胶工作台上，作业后擦拭复原。

（2）柴油机长期不使用时，应设法使喷油泵油道内充满柴油。若要拆卸喷油泵，应在喷油泵油道内加防锈油后，将其放在干燥处保存，不得与蓄电池、酸、碱等放在一起保管。

（3）喷油泵若要重新装配使用，应先除去防锈油。

（4）喷油泵拆卸后的零部件应按照原来的装配关系放置在清洁的橡胶工作台上，精密偶件要放在单独器皿中，用过滤后的轻柴油清洗或存放。

（5）零部件清洗后用压缩空气吹干，柱塞偶件表面上刻有配合编号及标记，不能弄错。

（6）工作期间禁止使用带离散纤维的毛巾、普通纸、抹布和手套等物，擦拭油时必须使用专用吸油纸。

3. 喷油泵总成拆卸步骤

（1）先堵住低压油路进出油口和高压油管接头，防止污物进入油路，用柴油、煤油、汽油或中性金属清洗剂清洗泵体外壳。拧下调速器底部的放油螺钉，放出机油。

（2）将喷油泵固定在专用拆装架上，拆卸输油泵总成、检视窗盖板、油尺等总成附件及泵体螺栓。

（3）转动凸轮轴，使1缸滚轮体处于上止点，将滚轮体托板（或销钉）插入调整螺钉与锁紧螺母之间（或挺柱体锁孔中），使滚轮体和凸轮轴脱离。

（4）拆卸调速器后盖固定螺钉，将调速器后壳后移并倾斜适当角度，拨开连接杆上的锁夹或卡销，使供油齿条和连接杆脱离，用尖嘴钳取下启动弹簧，取下调速器后壳总成。

（5）用专用扳手固定住供油提前角自动调节器，在喷油泵另一端用专用套筒拆卸调速飞块支座固定螺母，用拉拔器拉下飞块支座总成，用专用套筒拆卸提前器固定螺母，用拉拔器拉下提前器。

（6）拆卸凸轮轴部件：拆卸前应先检查凸轮轴的轴向间隙（0.05～0.10 mm），将测量值和标准值做对比，即可在装配时知道应增垫片的厚度。如果不需要更换凸轮轴轴承，先测间隙也可减少装配时反复调整的时间。拆卸前轴承盖，取下调整垫片，拆卸凸轮轴支撑轴瓦，用木锤从调速器一端敲击凸轮轴，将轴和轴承一起从泵体前端取出。若需要更换轴承，可以用拉拔器拉下轴承。

（7）将泵体检视窗一侧向上平放，从油底塞孔中装入滚轮挺柱顶持器，顶起滚轮部件，拔出挺柱托板或销钉。取出滚轮体总成，按照上述方法，依次取出各缸滚轮体总成。如果需要对滚轮体解体，则应先测量记下其高度，取出柱塞弹簧，弹簧上、下座和油量控制套筒，旋出齿条定位螺钉，取出供油齿条，旋出出油阀压紧座，用专用工具取出出油阀偶件及减容器、出油阀弹簧、柱塞偶件，按照顺序放在专用架上。

4. 喷油泵总成保养与易损件更换

（1）喷油泵不仅是柴油机的"心脏"，而且属于高精度部件，所以对喷油泵的维护保养必须严格按照作业标准进行。

（2）安装老式喷油泵时，必须检查调整供油提前角；柴油机运转500 h后，要重新检查调整供油提前角。

（3）保养时采用经过48～96 h沉淀过滤的国家标准轻柴油。

（4）平时要注意对柴油箱及柴油滤清器的清洁。

（5）每日检查调速器内机油，不足时及时加足。

（6）喷油泵与调速器之间有骨架油封的，要分别加注机油。

（7）若机油面因机油稀释升高，说明喷油泵及输油泵严重漏油，应及时排除。

（8）柴油机运转100 h后，要更换机油，并清洗输油泵滤网。

（9）喷油泵不得随意拆卸、调整，尤其是有封标的部位，确需拆卸维修时，要洁净场所后再进行。

（10）喷油泵每工作 2 000 h 后，要全面拆卸检查，更换或修复磨损严重及已损坏的零部件，并对其进行调试。

（11）准备喷油泵易损件套件，并进行更换。

5. 喷油泵总成装配步骤

（1）装配时应在清洁干净后的零件表面涂上清洁的机油。

（2）装供油齿条：将供油齿条上的定位槽对准泵体侧面上的齿条限位螺钉孔，装配限位螺钉，检查供油齿条的运动阻力，当泵体倾斜 45° 时，供油齿条可以靠自重滑动。

（3）装柱塞套筒：柱塞套筒从泵体上方装入座孔中，其定位槽应恰好卡在定位销钉上，保证柱塞套完全到位。注意座孔必须清理干净，防止杂物卡在接触面上，造成柱塞套筒偏斜和接触面不密封。

（4）将出油阀偶件、密封垫圈、出油阀弹簧、减容器体和出油阀压紧座依次装入泵体，必须注意出油阀座和柱塞套上端面之间的清洁，并保证密封垫圈完好，用扭力扳手拧紧出油阀压紧座，过紧会引起泵体开裂、柱塞咬死及齿条阻滞、柱塞套变形，加剧柱塞副磨损。装配后应检查喷油泵的密闭性。

（5）装配供油齿圈和油量控制套筒：油量控制套筒通过齿圈凸耳上的夹紧螺钉和齿圈固定成一体，两者不能相互转动。一般零件上有装配记号，没有记号时应使齿圈的固定凸耳处在油量控制套筒两孔之间居中位置。确定供油齿条中间位置，将供油齿条上的记号（刻线或者冲点）与泵体端面对齐，或与齿圈上的记号对齐。如果齿条上无记号，则应使供油齿条前端面伸出泵体前端面达到说明书规定的距离。装上齿圈和油量控制套筒，左右拉动供油齿条到极限位置时，齿圈上凸耳的摆动角度应大致相等，同时应检查供油齿条的总行程。

（6）装入柱塞弹簧上座及柱塞弹簧：将柱塞装入对应的柱塞套，再装上下弹簧座，注意柱塞下端十字凸缘上有记号的一侧应该朝向检视窗。下弹簧有正反之分不能装反。

（7）装配滚轮挺柱体：调整滚轮挺柱体调整螺钉，达到说明书规定高度或拆卸时记下的高度。将滚轮体装入座孔，导向销必须嵌入座孔的导向槽内，用力推压滚轮体或滚轮顶持器和滚轮挺柱托板，支起滚轮挺柱，逐缸装配各个滚轮体。每装配一个都要拉动供油齿条，检查供油齿条的阻力。

（8）装配凸轮轴和中间支撑轴瓦，装上调速器壳和前轴承盖。注意凸轮轴的安装方向，无安装标记时，也可根据输出泵驱动凸轮位置确定安装方向，凸轮轴中间支承应与凸轮一起装入泵体，否则凸轮轴装配后就无法装上中间支承。喷油泵凸轮轴装到泵体内应该有确定的轴向位置和适当的轴向间隙，凸轮轴装配后，应转动灵活，轴向间隙为 0.05 ~ 0.10 mm。装配供油提前角自动调节器，转动凸轮轴，取下滚轮体托板，拉动供油齿条，阻力应小于 15 N，否则需要查明原因，予以排除。

（9）装配输油泵、调速器总成等附件。

（四）喷油泵的拆装内容

喷油泵的拆装见表 2-1-2。

表 2-1-2　喷油泵的拆装

实训项目		喷油泵的拆装	
任务：将喷油泵总成从整车上拆卸下来并进行保养和更换易损件，然后将喷油泵总成装回车内并调试			
		工作内容和步骤	注意事项
喷油泵总成拆装	工具准备	需要使用的工具：	
	喷油泵总成拆卸	喷油泵总成拆卸步骤：	
	喷油泵总成保养与易损件更换	需要保养和更换的零件：	
	喷油泵总成装配与调试	喷油泵总成装配与调试步骤：	

四、水泵的拆装

（一）认识发动机冷却系统

（1）冷却系统的功用：_____。

（2）冷却系统的组成：_____、_____、_____、_____、

_____、_____及_____，如图 2-1-16 所示。

水泵的拆装

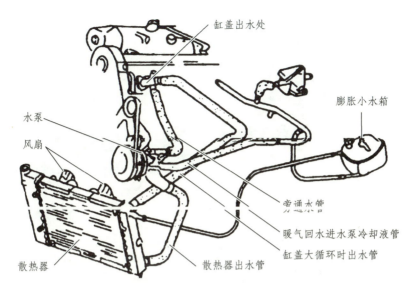

缸盖出水处

膨胀小水箱

水泵

风扇

密通水管

暖气回水进水泵冷却液管

缸盖大循环时出水管

散热器

散热器出水管

图 2-1-16 发动机冷却系统

（二）水泵的组成、分类及工作原理

（1）水泵主要分为＿＿＿＿＿＿＿＿和＿＿＿＿＿＿＿＿＿。

（2）发动机水泵如图 2-1-17 所示，由发动机曲轴通过传动带驱动，它的转速与发动机转速成正比。

图 2-1-17 发动机水泵的结构和位置

（3）水泵由＿＿＿＿、＿＿＿＿＿、＿＿＿＿＿、＿＿＿＿＿、＿＿＿＿＿、＿＿＿＿组成，如图 2-1-18 所示。

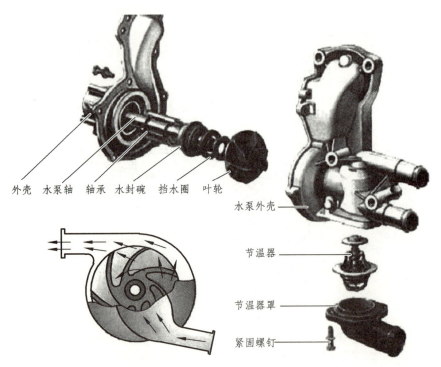

外壳　水泵轴　轴承　水封碗　挡水圈　叶轮

水泵外壳——

节温器——

节温器罩——

紧固螺钉——

图 2-1-18　发动机水泵的结构

（4）工作原理：发动机工作时带动_____进行旋转，_____带动水，然后将水甩出，叶轮中心形成真空，从进水管吸水，如图 2-1-19 所示。

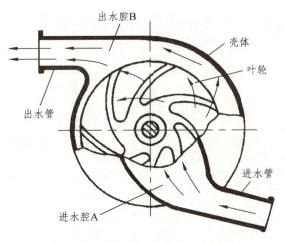

出水腔B

壳体

叶轮

出水管

进水管

进水腔A

图 2-1-19　发动机水泵的工作原理

（三）安全操作规程

（1）对于核心件，首先要熟悉其结构，然后按照合理的工艺规程进行拆卸。

（2）拆卸必须在完全冷却后进行，以免机件变形。

（3）严格按照拆装顺序和要求进行操作，零部件和工具摆放在适当区域。

（4）在操作过程中注意相互间的配合，保证人身安全。

（5）坚持"三不落地"（油、水、物不落地）和"四清洁"（双手、零件、工具和场地清洁）。

（四）水泵拆装

1. 工具准备

工具箱、一字螺丝刀、十字螺丝刀、拉拔器、抹布、发动机台架、工作台、工具车。

2. 安全注意事项

（1）将所需的工具整齐摆放在工作台上。
（2）拆卸时需要使用专用工具，禁止用蛮力操作。
（3）按拆卸工序拆卸水泵带轮。
（4）按拆卸工序拆卸水泵壳体。
（5）场地保持 7S 规章制度。

3. 水泵拆装步骤

（1）使用一字螺丝刀拧松节温器壳体上的进水管卡箍和小循环管，并退出水管。
（2）使用十字螺丝刀拧松水温传感器电缆固定螺栓，并退出电缆。
（3）退出水温传感器插接器。
（4）使用 13 mm 开口扳手、套筒扳手拆卸节温器壳体固定螺栓，并取出节温器总成。注意先卸力再拆卸，可以使用铜棒进行轻敲击。
（5）拆卸正时皮带张紧轮紧固螺栓，并松开张紧轮。
（6）使用 13 mm 套筒扳手拆卸发动机风扇固定螺栓，并取下发动机风扇。
（7）取下水泵皮带轮和发动机皮带。
（8）使用 13 mm 开口扳手、套筒扳手拆卸发动机水泵螺栓，并取出水泵总成。注意先卸力再拆卸，可以使用铜棒进行轻敲击。

4. 水泵保养和易损件更换

（1）拆解节温器总成和水泵总成。
（2）检查节温器和水泵是否有裂纹、锈蚀、变形、破损。检查水泵叶轮是否有裂纹、锈蚀、变形、破损。
（2）检查水泵轴承和叶轮是否有变形、断裂、松动，检查水泵输入轴是否变形、断裂。
（3）检查水泵发动机体内是否有裂纹或锈蚀是否严重。
（4）检查水泵密封组件。
（5）更换水泵易损件套件（包含纸垫）。
（6）检查和保养节温器。
（7）更换所有衬垫和密封圈。

5. 水泵装配步骤

（1）组装节温器总成和水泵总成。
（2）装配水泵总成。
（3）装配水泵皮带轮和发动机皮带。
（4）装配风扇。

（5）装配和调整皮带。

（6）装配水温传感器插接器和水温传感器电缆。

（7）装配节温器总成。

（8）装配节温器壳体上的进水管卡箍和小循环管。

（9）完成场地 7S 工作。

（五）水泵拆装内容

发动机水泵的拆装见表 2-1-3。

表 2-1-3　发动机水泵的拆装

实训项目	发动机水泵的拆装		
任务：将发动机水泵总成从整车上拆卸下来并进行保养和更换易损件，然后将发动机水泵总成装回车内并调试			
工作内容和步骤			注意事项
发动机水泵总成拆装	工具准备	需要使用的工具：	
	发动机水泵总成拆卸	发动机水泵总成拆卸步骤：	
	发动机水泵总成保养与易损件更换	需要保养和更换的零件：	
	发动机水泵总成装配与调试	发动机水泵总成装配与调试步骤：	

五、喷油器拆装

（一）认识喷油器

1. 喷油器的分类

喷油器分为_____和_____，如图2-1-20所示，左边是_____，右边是_____。

图 2-1-20　喷油器

2. 喷油器的功用

使燃油_____，并喷射到燃烧室特定部位。

3. 喷油器要求

满足各类燃烧室对喷雾特性的要求，有一定_____和_____，有良好的雾化质量，在喷油结束时不发生滴漏现象。

（二）孔式喷油器

（1）适用范围：适用于统一式燃烧室。

（2）结构组成，如图2-1-21所示。

（3）工作原理。

① 喷油：当喷油泵开始供油时，_____从_____进入喷油器体内，沿油道进入喷油器阀体下面_____内，高压柴油作用在承压锥面上，并抬起承压锥面，克服_____的预紧力后针阀向上升起，打开喷油孔，柴油喷入燃烧室。

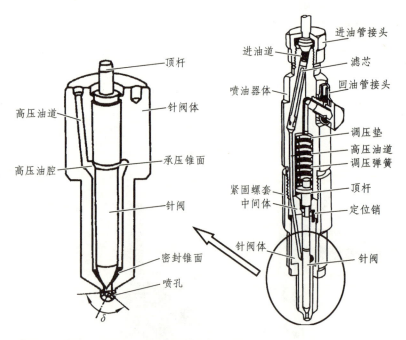

图 2-1-21　孔式喷油器

② 停油：喷油泵停止供油时，出油阀在弹簧的作用下落座，高压油腔内油压骤然下降，在弹簧力的作用下迅速关闭喷孔，停止喷油。

（三）轴针式喷油器

（1）适用范围：分隔式燃烧室。

（2）结构组成，如图 2-1-22 所示。

（3）工作原理。

① 喷油：当喷油泵开始供油时，_____从进油口进入喷油器体内，沿油道进入喷油器阀体下的高压油腔内，高压柴油作用在承压锥面上，并抬起_____，克服调压弹簧的预紧力后针阀向上升起，打开_____，柴油喷入燃烧室。

② 不喷油时：针阀关闭喷孔，使高压油腔与燃烧室分隔开，燃烧室_____不至于冲入油腔内引起积炭堵塞。

③ 停油：针阀到达一定压力时开启，供油停止时，又在弹簧作用下立即关闭，因此无_____现象。

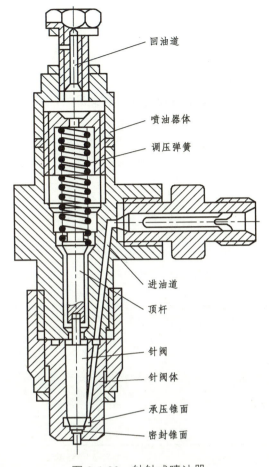

图 2-1-22　轴针式喷油器

（四）安全注意事项

（1）拆装喷油器，应先检测油温，避免被烫伤。
（2）拆装喷油器时，避免液压油泄漏，当地面出现油渍，需要第一时间进行擦拭，避免滑倒。
（3）拆装油管和喷油器时应戴手套，避免被周围零件刮伤。
（4）拆装时应注意力度，避免手被刮伤。
（5）零件放置时，注意保护零件装配面，并防止柴油泄漏。

（五）喷油器总成拆装

1. 工具准备

一字螺丝刀、扳手和台虎钳等设备。

2. 安全注意事项

（1）在装配针阀偶件时，将定位销与喷油器定位孔对齐。
（2）按照规定力矩拧紧喷嘴盖形螺母，力矩为 42~50 N·m。
（3）注意调压弹簧的弹力。
（4）调整螺钉时旋入深度要适当。

3. 喷油器总成拆卸步骤

（1）将喷油器固定在虎钳上，用扳手拆卸护帽。
（2）用一字螺丝刀拆出调整螺钉。
（3）取出垫片、调压弹簧和芯轴。
（4）使喷油器嘴朝上，用套筒扳手拆卸喷嘴盖形螺母。
（5）取出针阀偶件。

4. 喷油器保养与易损件更换

（1）保养调压螺钉。
（2）保养调压弹簧。
（3）清洁针阀偶件。

5. 喷油器装配

（1）装配针阀偶件。
（2）装配喷嘴盖形螺母。
（3）装配垫片、调压弹簧和芯轴。
（4）装配调整螺钉。
（5）装配喷油器保护帽。

（六）喷油器总成拆装

喷油器的拆装见表 2-1-4。

表 2-1-4　喷油器的拆装

实训项目		喷油器的拆装	
任务：将喷油器从整车上拆卸下来并进行保养和更换易损件，然后将喷油器装回车内并调试			
	工作内容和步骤		注意事项
喷油器拆装	工具准备	需要使用的工具：	
	喷油器拆卸	喷油器拆卸步骤：	
	喷油器保养与易损件更换	需要保养和更换的零件：	
	喷油器装配与调试	喷油器装配与调试步骤：	

（七）拓　展

（1）喷油嘴检测。
（2）喷油器更换。

六、飞轮拆装

（一）曲轴飞轮组的组成和作用

飞轮拆装

1. 曲轴飞轮组组成

曲轴飞轮组安装位置及外观如图 2-1-23 所示。

曲轴飞轮组

图 2-1-23　曲轴飞轮组安装位置及外观

曲轴飞轮组主要由_____和_____以及_____组成，其零件和附件的种类和数量取决于发动机的结构和性能要求。请填写图 2-1-24 中曲轴飞轮组的零件组成。

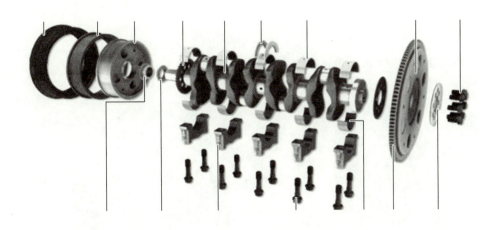

图 2-1-24　曲轴飞轮组结构分解图

2. 曲轴结构

曲轴主要由_____、_____、_____、_____、_____和

_____等部件组成。在发动机工作中，曲轴要承受_____与_____，要求曲轴要具有足够的刚度、强度和耐磨性。请填写图 2-1-25 中曲轴的结构组成。

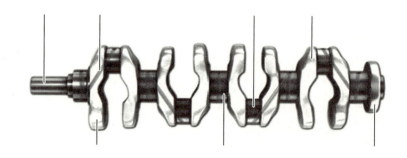

图 2-1-25　曲轴结构

3. 曲轴功用

曲轴的功用是_____，并由此产生绕其本身轴线的力矩，并将转矩对外输出。同时，曲轴还为活塞连杆组的上行运动提供动力，如图 2-1-26 所示。

直线运动　　旋转运动　　直线运动　　旋转运动

图 2-1-26　曲轴功用

4. 飞轮结构

飞轮是一个_____很大的圆盘，外缘上压有一个齿圈，与起动机的_____啮合，供起动机起动发动机时使用。为了保证足够的转动惯量，飞轮轮缘通常做得宽而厚，如图 2-1-27 所示。

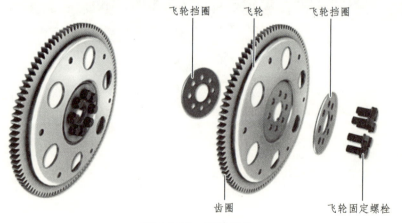

飞轮挡圈　　飞轮　　飞轮挡圈

齿圈　　　　飞轮固定螺栓

图 2-1-27　飞轮结构

5. 飞轮功用

飞轮的主要作用是储存做功行程的一部分动能，以克服_____中的阻力，使曲轴均匀旋转，使发动机具有克服短时超载的能力。

6. 曲轴飞轮组的检查

（1）曲轴的耗损与检验。

① 曲轴的耗损。

曲轴的耗损分为_____、_____、_____、_____和_____等。

② 曲轴的检验。

曲轴的检验主要包括_____、_____和_____、_____等。

（2）曲轴轴承的选配。

① 轴承的耗损。

轴承的耗损形式有磨损、合金疲劳剥落、轴承疲劳收缩及黏着咬死等。

② 轴承的选配。

轴承选配包括选择合适内径的轴承以及检验轴承的高出量、自由弹开量、横向装配标记等内容。

③ 轴承间隙的检查。

轴承间隙的检查包括曲轴主轴承径向间隙检查、轴向间隙检查和曲轴连杆轴承径向间隙检查。

（二）安全操作规程

（1）安全生产遵守场地安全规定。

（2）遵守纪律，严格执行操作规程。

（3）拆装中防止重物翻倒、掉落伤人（集中注意力，注意兼顾前、后左右他人的动作，扶稳并垫好设备，严禁追逐、打闹），同时注意脚底下的油污，防止操作中滑倒。

（4）使用工具时防止工具打滑、脱手伤人。

（5）穿好作训服和防护手套，不得穿凉鞋，严禁在工作场所吸烟。

（6）操作过程中，注意摆放好拆卸下来的零部件，确保在安装过程中不会出现错装、漏装、遗失零部件的现象。

（7）飞轮较重，避免跌落。

（三）飞轮拆装

1. 工具及材料准备

扭力扳手、套筒、一字螺丝刀、手锤、梅花扳手、铜棒、磁性表座、百分表、汽油、零件擦拭布、机油壶、油盆。

2. 飞轮拆卸步骤

（1）清洁工作场地、准备工量具。

（2）用梅花扳手（外垫擦拭布）固定飞轮齿圈。

（3）用扭力扳手和 19 mm 套筒扳手拧松飞轮螺栓，注意飞轮螺栓要分次对角逐步拧松，并取下飞轮螺栓。

（4）取下飞轮，并平放在油盆中。操作员甲先用一字螺丝刀顶入飞轮螺栓孔，另一手用铜棒从起动机安装口处击打飞轮背面，飞轮松动后，操作员乙再取下飞轮。

（5）用扭力扳手和18 mm套筒扳手拧松飞轮壳螺栓，注意飞轮壳螺栓要分次对角逐步拧松，并取下飞轮壳螺栓。

（6）取下飞轮壳。

（7）用扭力扳手和14 mm套筒扳手拧松螺栓，取下曲轴后油封支座和垫片。

（8）将柴油机身平放，缸口向下。

（9）用扭力扳手和22 mm套筒扳手拧松主轴承盖螺栓，注意螺栓要按由外向内的顺序并分2~3次逐步拧松，取下曲轴主轴承盖。注意检查主轴承盖上的位置标记，并按前后顺序摆放，避免混淆。

（10）取下主轴承瓦和止推片并放入油盆中。

（11）抬下曲轴，并平放在工作台上，注意摆放时的安全。

（12）取出上半片轴承瓦。

（13）清洁、整理工具。

3. 飞轮曲柄保养与易损件更换

（1）用汽油和擦拭布清洁飞轮、飞轮螺栓、飞轮壳、飞轮壳螺栓、曲轴后油封支座、曲轴、主轴承盖、轴承瓦片、止推片、主轴承盖螺栓、气缸体等，注意不能用钢丝刷清洁零件。

（2）清洗完毕，将零件按顺序摆放于干净处晾干。

（3）检查飞轮齿圈、飞轮壳、曲轴等，不得有裂纹和损伤。

（4）检查曲轴油道导通质量，并测量主轴颈、连杆轴颈直径。

（5）检查主轴承瓦片、止推片的磨损。

（6）检查气缸体主轴承支座螺栓孔是否完好。

（7）清洁、整理工量具。

4. 飞轮曲柄装配

（1）将主轴承瓦的上半片按标记分别装入各轴承座孔内，注意主轴承瓦的凸起部分与缸体主轴承孔的凹槽对齐。

（2）在各主轴承瓦工作表面及曲轴主轴颈上涂抹少许机油，将曲轴装入缸体曲轴支承位置，并转动曲轴一周，曲轴转动应灵活、无卡滞。

（3）将两片曲轴止推片装在第五道主轴承支承两侧，注意有耐磨合金层的面相背，即合金层朝向曲轴曲柄。

（4）将主轴承瓦的下半片装入主轴承盖，注意主轴承瓦的凸起部分与主轴承盖的凹槽对齐。

（5）将各道主轴承盖的轴承瓦内表面涂抹机油后按照位置标记装到对应的主轴承支承位置上。

（6）用扭力扳手和22 mm套筒扳手拧紧第三道主轴承盖螺栓，注意螺栓要分2~3次逐步拧紧，曲轴主轴承盖螺栓拧紧力矩为137.2~156.8 N·m。在拧紧螺栓的过程中，旋转曲轴几周，检查曲轴转动是否灵活，不得有过重现象，否则要查明原因，及时排除。

（7）在气缸体后端面装上磁性表座及百分表，使百分表测量杆平行于曲轴轴线，并使触头顶住曲轴端面（调整百分表预压缩量约为2 mm）。

（8）用撬棍向前、向后撬动曲轴，读取百分表大指针摆动数值，此即曲轴轴向间隙。

（9）检查曲轴径向间隙，并调整符合要求后拧紧螺栓并做好标记。采用相同的方法，按由内向外的顺序检查调整各道主轴颈的径向间隙符合要求后拧紧相应螺栓并做好标记。

（10）安装曲轴后油封支座和垫片（表面涂密封胶）后，拧紧螺栓。

（11）安装飞轮壳后用扭力扳手和 18 mm 套筒扳手拧紧飞轮壳螺栓，注意飞轮壳螺栓要分次对角逐步拧紧。

（12）安装飞轮后用手拧紧飞轮螺栓，用梅花扳手（外垫擦拭布）卡牢飞轮齿圈，再用扭力扳手和 19 mm 套筒扳手拧紧飞轮螺栓，注意飞轮螺栓要分次对角逐步拧紧，拧紧力矩为 98.1～176 N·m。

（13）清洁、整理工量具及场地。

（四）飞轮曲柄机构拆装

飞轮曲柄机构的拆装见表 2-1-5。

表 2-1-5　飞轮曲柄机构的拆装

实训项目			飞轮曲柄机构的拆装	
任务：将飞轮曲柄机构从整车上拆卸下来并进行保养和更换易损件，然后将飞轮曲柄总成装回车内并调试				
		工作内容		注意事项
飞轮曲柄拆装	工具准备	需要使用的工具：		
	飞轮曲柄的拆卸	飞轮曲柄拆卸步骤：		
	飞轮曲柄保养与易损件更换	需要保养和更换的零件：		
	飞轮曲柄装配与调试	飞轮曲柄装配与调试步骤：		

（五）拓　展

曲轴轴颈磨损的检测。

七、活塞连杆组拆装

（一）认识活塞连杆组

1. 活塞连杆组组成

活塞连杆组安装在_____，主要由_____、_____、

活塞连杆组拆装

_____、_____等机件组成。活塞连杆组将活塞的往复运动转变为曲轴的旋转运动，同时将作用于活塞上的力转变为曲轴对外输出的扭矩。请填写图 2-1-28 中活塞连杆组的结构组成。

图 2-1-28　活塞连杆组安装位置及结构

2．活塞结构

活塞可分为三部分：_____、_____和_____。请填写图 2-1-29 中活塞的结构组成。

图 2-1-29　活塞结构

（1）活塞顶部。

活塞顶部是燃烧室的组成部分，常制成不同的形状。柴油机活塞顶部多采用____顶或____顶。有的活塞顶部有装配标记，装配时要指向发动机前端。

（2）活塞头部。

活塞头部上面一般有 2～3 道槽用来安装_____，最下面一道用来安装_____。油环槽的底部钻有很多径向小孔，称之为回油孔，使油环从气缸壁上刮下的多余润滑油经此流回油底壳。

（3）活塞裙部。

活塞裙部上开有圆孔用来安装活塞销，圆孔上有卡簧槽。活塞裙部用来引导活塞在气缸中做_____运动。

3．活塞功用

活塞的主要作用是承受气缸中的_____，并将此压力通过活塞销传递给连杆，以推动_____。活塞顶部还与_____、_____等共同组成燃烧室，如图 2-1-30 所示。

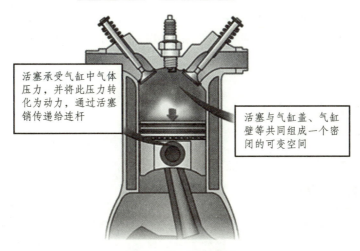

活塞承受气缸中气体压力，并将此压力转化为动力，通过活塞销传递给连杆

活塞与气缸盖、气缸壁等共同组成一个密闭的可变空间

图 2-1-30　活塞功用

4. 活塞环

活塞环是中间断开的弹性金属环，它包括_____和_____两种。活塞上部安装_____，下部为_____，如图 2-1-31 所示。活塞环装在活塞上时，环的开口_____。以叉车 B490 型发动机为例，三道环之间相互错开 120°。

气环

油环

图 2-1-31　活塞环

（1）气环。

气环用于保证活塞与气缸壁间的_____，防止气缸中的高温、高压燃气大量漏入_____，同时还将活塞顶部的大部分热量传给_____，起到导热作用，如图 2-1-32 所示。

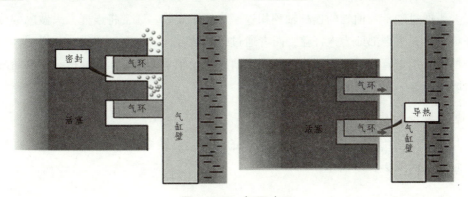

密封

气环

气环

活塞

气缸壁

气环

气环

导热

活塞

气缸壁

图 2-1-32　气环功用

（2）油环。

油环在活塞下行时，刮除气缸壁上多余的_____；在活塞上行时，将机油均匀涂布在气缸壁上。这样既可以防止机油窜入气缸燃烧，又可以减小活塞、活塞环与气缸壁的_____。

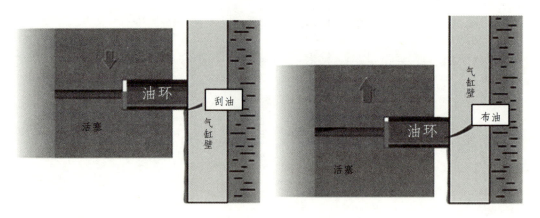

图 2-1-33　油环功用

5. 活塞销

活塞销通常用低碳钢或低碳合金钢做成空心圆柱体，它的作用是连接活塞和连杆，将活塞承受的气体作用力传给连杆。

6. 连杆与连杆轴承

连杆分为_____、_____和_____三部分。

（1）连杆小头。

连杆小头用于安装_____，连接_____。全浮式连杆小头内压有_____。

（2）杆身。

杆身多采用"工"字形断面，以提高其抗弯刚度。杆身内有纵向的压力油通道，以对活塞销进行压力润滑。

（3）连杆大头。

连杆大头通过轴承与曲轴的连杆轴颈相连。为便于安装，通常将连杆大头做成剖分式，上半身与杆身一体，下半部即为连杆盖，两者通过螺栓装合，其中有油道通向活塞销。

连杆轴承采用钢背和减磨层组成的分开式薄壁滑动轴承，内表面有油槽，用以储油和保证润滑。请填写图 2-1-34 中连杆的结构组成。

7. 连杆与轴承功用

连杆与轴承的功用是_____，把活塞的往复运动转变为_____，并将活塞承受的力传给曲轴，如图 2-1-35 所示。

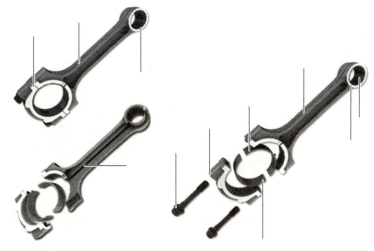

图 2-1-34　连杆结构

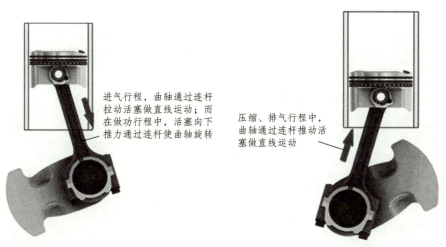

进气行程，曲轴通过连杆拉动活塞做直线运动；而在做功行程中，活塞向下推力通过连杆使曲轴旋转

压缩、排气行程中，曲轴通过连杆推动活塞做直线运动

图 2-1-35　连杆与轴承功用

（二）安全操作规程

（1）安全生产遵守场地安全规定。

（2）遵守纪律，严格执行操作规程。

（3）拆装中防止重物翻倒、掉落伤人（集中注意力，注意兼顾前后、左右他人的动作，扶稳并垫好设备，严禁追逐、打闹），同时注意脚底下的油污，防止在操作中滑倒。

（4）使用铜棒敲击活塞时，防止工具打滑、脱手伤人。

（5）穿好作训服和防护手套，不得穿凉鞋，严禁在工作场地吸烟。

（6）操作过程中，注意摆放好拆卸下来的零部件，确保在安装过程中不会出现错装、漏装、遗失零部件的现象。

（7）拆卸活塞环力度适中，避免活塞环断裂。

（三）活塞连杆组拆装

1. 工具及材料准备

扭力扳手、套筒扳手、活塞环卡钳、机油壶、活塞环收紧器、塞尺、75～100 mm 千分尺、汽油、零件擦拭布、手锤、油盆等。

2. 活塞连杆组拆装步骤

（1）清洁工作场地、准备工量具。

（2）在活塞顶部和连杆盖处按次序用记号笔写上缸号，防止安装时装错。

（3）检查缸口是否磨出了台肩或有积炭，如有应先刮平，以免损坏活塞环和缸壁。

（4）按顺序拆卸各缸，如一、四、二、三缸。先将一、四缸的活塞连杆组转到下止点位置。

（5）用 16 mm 套筒扳手拆卸连杆螺栓（先用扭力扳手将两个连杆螺栓旋松，再用快速扳手或摇把快速旋下连杆螺栓）。

（6）取下连杆盖。

（7）将柴油机身倾斜放置，缸口向下倾斜 45°。

（8）取出活塞连杆组（操作员甲在气缸顶部用手接住活塞，防止活塞跌落；操作员乙一手稳住连杆，保证其运动方向，另一手用手锤木柄向前推出活塞连杆组）。

（9）取出活塞连杆组后，应将连杆轴承盖、连杆螺栓按原位装回，并按缸号顺序摆放活塞连杆总成，避免混淆。

（10）取下活塞环（用活塞环装卸钳拆卸 2 个气环；用手拆卸油环；按顺序摆放活塞环）。

（11）按上述方法取下其他各缸活塞连杆组和活塞环，并按缸号顺序摆放，避免混淆。

（12）清洁、整理工具。

3. 活塞连杆组保养与易损件更换

（1）清洁活塞。

（2）清洁活塞环。

（3）清洁连杆组件。

（4）清洁连杆轴承。

4. 活塞连杆组装配

（1）安装活塞环组。

（2）安装连杆轴承瓦，并加注少许机油。

（3）用活塞环收紧器夹紧活塞环。

（4）将该缸曲柄转到下止点位置。

（5）将活塞组件推入气缸。

（6）安装连杆轴承盖。

（7）拧紧连杆螺栓。

（8）旋转曲轴一周，检查曲轴转动是否灵活。

（9）清洁、整理工具和场地。

5. 活塞环拆解步骤

用活塞环拆装器拆卸活塞环。

6. 活塞环保养与易损件更换

清洁或者更换活塞环。

7. 活塞环装配与调试步骤

（1）用活塞环拆装器安装活塞环。

（2）活塞环开口错开 120°，并避开活塞销孔。

（四）活塞连杆组拆装

活塞连杆组的拆装见表 2-1-6。

表 2-1-6　活塞连杆组的拆装

实训项目		活塞连杆组的拆装	
任务：将活塞连杆组总成从整车上拆卸下来，拆卸活塞销并进行保养和更换易损件，拆解活塞环并进行保养和更换易损件，安装好活塞环、活塞销并调试			
		工作内容	注意事项
活塞连杆组拆装	工具准备	需要使用的工具：	
	活塞连杆组的拆卸	活塞连杆组拆卸步骤：	
	活塞连杆组保养与易损件更换	需要保养和更换的零件：	
	活塞连杆组装配与调试	活塞连杆组装配与调试步骤：	
活塞环拆装与检测	活塞环拆解	活塞环拆解步骤：	
	活塞环测量	活塞环测量步骤：	
	活塞环保养与易损件更换	保养与易损件更换：	
	活塞环安装与调试	活塞环安装与调试步骤：	

（五）拓　展

发动机气缸检测。

八、发动机故障诊断与排除

发动机故障诊断与排除

（一）柴油机故障的认识

柴油机在使用过程中会出现多种故障，其现象多种多样，造成故障的原因也十分复杂。一种故障可以表现为一种或多种异常现象，如高压油泵柴油机磨损后，既可表现为启动困难，也可表现为输出功率不足，还可表现为低速运转不稳定等现象。一种异常现象也可能是由一种或多种故障原因造成的，如柴油机功率不足，可能是由于柴油机喷油泵故障，也可能是柴油机配气机构及进、排气系统故障，也可能是喷油器不喷油，还可能是柴油机气缸内压缩压力不足。柴油机发生了故障，通常会出现以下几种异常现象：

（1）_____。如不正常的敲击声、放炮声、吹嘘声、排气声、周期性的摩擦声等。

（2）_____。如柴油机不易启动，工作时出现剧烈振动，功率不足，转速不稳定等。

（3）_____。如柴油机排烟管冒黑烟、蓝烟、白烟，各系统出现漏油、漏水、漏气等。

（4）_____。机油及冷却水温度过高，排气温度过高，轴承过热等。

（5）_____。机油、冷却水及燃油压力过低，压缩压力下降等。

（6）_____。柴油机运行时，发出臭味、焦味、烟味等气味。

柴油机运行时出现异常现象，必须认真查清产生异常现象的原因，并善于分析、推理、判断，透过现象看实质，找出发生故障的原因和部位，将故障排除。

（二）柴油机故障的检查

柴油机出现故障，应该保持头脑冷静，有步骤、有目的地进行检查与分析，切不可手忙脚乱盲目检查，应根据故障的异常征兆、迹象、响声、出现时机、变化规律来寻找故障产生的部位，从原理与结构层面进行细致分析推理，做出正确判断来寻找产生故障的原因。

（1）整体分析，全面性排除故障。

柴油机的各系统、各部件、各零件之间是密切相关的，一个部件、一个系统或一个零件发生故障，必然会涉及其他系统的部件或零件。所以，对一个故障现象不能孤立地看待，要从整体分析故障发生的原因并及时排除故障。

（2）在少拆卸前提下查找故障。

在排除故障时，不可以盲目拆卸柴油机的部件，必须在拆卸前先弄明白该柴油机的_____、_____、_____等，只有建立在科学的、认真分析的基础上才可以进行拆卸。

（3）结合看、听、摸、嗅、试进行全方位检查。

在不具备先进检测设备的情况下，一般采用直接感觉诊断法来进行故障诊断，概括起来可分为看、听、摸、嗅、试。

① 看——眼睛观察。

观察柴油机在运转过程中的外部特征，如排气管的排烟情况是否有异常；_____颜色是否正常；燃油系统是否有泄漏_____的部位；冷却系统和润滑系统是否有_____、_____现象；柴油机的各种_____指示是否有异常；各运动部件的螺母是否有松动；柴油机是否振动等。

② 听——耳朵分辨声音。

听柴油机在运转过程中的异常响声，根据异响的_____、_____来判断故障所在。如柴油在燃烧室燃烧时的爆炸声是否均匀；柴油机在运转过程中活塞、连杆、曲轴的冲击声是否有异常；进、排气阀及柴油机定时传动喷油是否有异常响声等。

③ 摸——用手感受。

用手摸试。如油管的_____、机组的_____；机油管或油底壳的温度与机油温度表的指示是否相同等。

④ 嗅——用鼻子嗅。

凭借故障部位发出的气味来诊断。柴油机在工作过程中有无_____；柴油机是否有_____的气味等。

⑤ 试——尝试试验。

试验验证。如用单缸_____等诊断柴油机的异常响声等。

上述方法要根据不同故障的特点，具体灵活应用，通过思考、分析、推理对故障进行客观分析，找出故障原因并提出排除故障的措施。

（三）判断柴油机故障的方法

通过检查明确现象后，就需要进行故障判断。即要从错综复杂、变化多端的各种故障现象中，根据其发生、发展和变化过程，确定其是由哪一系统或机构、因何原因造成故障，以便于及时、准确地排除故障，使柴油机恢复正常运行。所以在故障判断时，维修人员不但要熟悉柴油机的结构原理、操作、调试，还要掌握查找判断故障的一般原则和方法，只有这样，在遇到实际问题时，通过细致观察和正确分析，才能提出正确的处理方法，消除故障。

（1）判断柴油机故障的一般原则。

判断柴油机故障的一般原则：结合结构、联系原理、弄清现象、结合实际、从简到繁、由表及里、按系分段、查找原因。

（2）判断柴油机故障的一般方法。

① 隔断法。

经分析怀疑故障是由某一工作部位引起时，可使该部分局部停止工作，观察故障现象是否消失，从而可判断故障发生的部位。隔断法就是停止柴油机的单个气缸工作或逐个停止几个甚至全部缸的喷油，观察柴油机和停止喷油前后的工作变化。用此种方法检查各气缸的工作情况，特别是检查各气缸的排烟颜色最有效。如柴油机冒黑烟，分析认为是某个气缸喷油器雾化不良所造成的，此时可将该缸停止工作，若黑烟消失，则可认为判断正确。

② 比较法。

比较法用得比较普遍，柴油机出现故障后，如果对某个部件或哪一个系统有怀疑，更换一个质量好的部件或某一个正常的系统，观察故障是否消除，如果故障现象消失，证明故障就发生在这个部件或这个系统。

③ 验证法。

验证法是对已知的故障原因，通过试探性地调整或拆卸，用来检查之前分析的正确性，从而找出故障所在。用改变局部范围的技术状态，观察其对柴油机工作性能的影响，以判断故障原因。如柴油机出现机油压力低的现象，可先清洗滤清器，如状态未消失，再找其他原因。

④ 仪器仪表检查法。

仪器仪表检查法是运用仪器或仪表对柴油机进行测试，找出故障隐患，了解机组的性能和状况。

总之，对于不同的故障现象，要灵活运用不同的判断方法，要从柴油机的原理、结构入手寻找问题的解决方法。通过对柴油机故障的辨别、检查，根据判断原则和判断方法进行分析，缩短查找故障的时间，及时排除故障。

（四）柴油机常见故障排除方法

对于判断出的故障，需要进行一定的验证，并及时排除。下面将通过一些常见的故障原因来理解故障检查、判断和排除。

1. 诊断柴油机启动困难或不能启动

柴油机通常在环境气温高于 5 ℃ 的情况下，几秒钟的时间内就能顺利启动，若经过多次反复启动仍不能正常运转，则说明该柴油机出现故障，导致启动困难。

（1）柴油机启动必须满足 3 个基本条件。

① 有一定的启动转速，直喷燃烧室柴油机启动转速为不小于 160 r/min。

② 柴油机压缩比必须达到规定值，使柴油机在压缩终了时气缸内温度达到 600 ℃，燃油才会顺利自行着火。

③ 供油正时，有雾化良好的燃油及时进入燃烧室。

（2）柴油机启动困难或不启动的原因分析及排除方法（见表 2-1-7）。

表 2-1-7　柴油机启动困难或不启动的原因分析及排除法

故障征象	原因分析	排除方法
柴油机转动缓慢（启动转速过低）		
启动转速正常，但不能着火运转，没有爆发声，排气管不冒烟，可能属燃油系统故障		

故障征象	原因分析	排除方法
启动转速正常，柴油机着火并有爆发声，但排气管不冒烟，可能属供油不正常所致		
启动转速与燃油系统正常，仍无法使柴油机正常启动，属气缸内压缩不良		

2. 诊断与排除柴油机不正常烟色

（1）柴油机排气管冒黑烟。

柴油机冒黑烟是柴油未_____燃烧，在高温情况下分解出炭质随废气排出的一种现象。排气冒黑烟，不但降低了发动机_____，增加了柴油_____，且易形成_____，缩短发动机使用_____。

柴油机冒黑烟故障的可能原因很多，如何判断和确认柴油机冒黑烟产生的具体原因，是排除该故障的关键所在。

① 柴油机负荷过大引起，可以通过减轻_____，不使柴油机长时间超负荷工作来排除故障。

② 空气滤清器_____，进气量少，氧气供应不足引起，可以通过对进气系统和滤清器进行保养，更换滤芯来排除故障。

③ 喷油器_____不良，喷油压力过低或有严重的漏油现象，可以通过调整或更换喷油器来排除故障。

③ 供油提前角太小致使供油过晚，可以通过按规定调整供油提前角来排除故障。

④ 喷油泵供油_____，可以通过调整喷油泵来排除故障。

（2）柴油机排气管冒蓝烟。

柴油机排气管冒蓝烟是由于燃烧室内进入了过量的_____而引起的，俗称烧机油。

① 机油过多引起的，可以通过排放出油底壳中多余的_____，使油面保持合适的高度来排除故障。

② 油环刮油作用失效引起的，可以通过清洗或更换_____，重新安装活塞环来排除故障。

③ 活塞与缸套配合副磨损严重引起的，可以通过更换活塞和缸套来排除故障。

（3）柴油机排气管冒白烟。

柴油机排气管冒白烟是一种常见现象。第一种情况是_____较低时，刚启动的柴油机转速低容易排放白烟（主要是水汽），当转速正常时白烟会逐渐消除，此种情况不属于故障。第二种情况是由于冷却水道及_____部件的损坏，造成冷却水窜入燃油供给系统（或油底壳）然后到达燃烧室，同_____一起排出，形成白色烟雾。第三种情况是既没燃烧又没气化的_____的雾化柴油。

① 气缸盖螺栓松动，气缸垫损坏引起的，可以通过更换已损坏的部件，按规定拧紧气缸螺栓来排除故障。

② 气缸盖、气缸套、气缸体出现裂纹等，使_____窜入气缸引起的，可以通过检修渗漏处，更换已损坏的部件来排除故障。

③ 柴油中含水引起的，可以通过更换合格的_____来排除故障。

④ 供油提前角不准确引起的，可以通过调整供油提前角来排除故障。

⑤ 气门间隙不准引起的，可以通过调整气门间隙来排除故障。

⑥ 喷油器、喷油泵偶件磨损严重引起的，可以通过对喷油器、喷油泵偶件进行研磨、选配或更换来排除故障。

⑦ 气缸压力不足（气门与气门座、活塞环，活塞与气缸套的配合副或气缸垫漏气）引起的，可以通过检查诊断维修来排除故障。

3. 诊断和排除柴油机异响

柴油机异响是由于不正常燃烧爆发而产生的敲击声或不正常地运转而产生的撞击声。

（1）_____，柴油机工作粗暴引起敲缸，可以通过增减喷油泵垫片，调整供油时间来排除故障。

（2）_____，出现过后燃烧会引起排气管放炮声，可以通过增减喷油泵垫片，调整供油时间来排除故障。

（3）_____，响声无一定规律，有时出现敲击声，有时出现放炮声，可以通过清洗、研磨或更换新件来排除故障。

（4）_____，可以通过检查调整间隙来排除故障。

（5）_____，可以通过更换新件来排除故障。

（6）_____，可以通过检查连杆与铜套配合间隙或更换新件来排除故障。

（7）_____，可以通过检查曲轴与轴瓦配合副或更换新件来排除故障。

（8）_____，可以通过检查活塞与气缸套配合副或更换新件来排除故障。

（9）_____，可以通过检查平衡轴与轴瓦配合副或更换新件来排除故障。

（10）_____，可以通过调整配合间隙或更换新件来排除故障。

4. 柴油机水温过高

水温过高是柴油机水冷式冷却系统最常见的故障之一，因缸套、活塞摩擦副材料_____不同，高温会使间隙变小，润滑状况恶化，久而久之造成拉缸、活塞环_____等故障。表 2-1-8 为柴油机水温过高的原因分析及排除方法

表 2-1-8　柴油机水温过高的原因分析及排除方法

故障征象	原因分析	排除方法
发动机水温过高		

5. 柴油机机油压力异常

柴油机由于机件磨损、_____不当或其他故障，都会引起机油压力过低或没有压力。表
2-1-9 为柴油机油压力异常的原因分析及排除方法。

表 2-1-9　柴油机机油压力异常的原因分析及排除方法

故障征象	原因分析	排除方法
没有机油压力，机油指示灯亮且机油压力表指针为"0"		
压力低于正常值		
机油黏度小，油平面升高且有生油味		
机油颜色呈乳白色		
机油压力过高		

6. 柴油机机油油面升高

柴油机机油油面升高的原因分析及排除方法见表 2-1-10。

表 2-1-10 柴油机机油油面升高的原因分析及排除方法

故障征象	原因分析	排除方法
油面升高、机油颜色呈乳白色		
油面升高		

学习任务二 底盘维修

【学习目标】

1. 掌握叉车底盘的结构及零部件名称、工作原理和特点；
2. 掌握叉车底盘拆装与维修的安全操作规范和注意事项；
3. 能配合进行叉车变速箱、离合器、转向桥、驱动桥和制动总泵总成的拆解和装配；
4. 能独立进行叉车变速箱、离合器、转向桥和驱动桥部件的拆解、清洗、装配及调试。

【建议课时】

30 课时。

【学习过程】

叉车底盘和其他车辆一样由传动系、行驶系、转向系和制动系四部分组成，在对其进行拆解、清洗和装配时，针对不同的零部件，需要使用相应的工量具和部分专用设备进行操作。正确、熟练地运用维修工量具和设备既对零部件起到保护的作用，同时又能提高工作效率。在实训操作学习中，拆解时除了需要掌握拆解过程中每个零部件的名称和位置外，还要做好充分的安全保护；在清洗中，需要做好部件的摆放工作，并使场地清洁、部件外壳清洁；在装配中，一方面要充分利用专用工具，避免装配时零件损伤，另外在整车启动前，必须充分检查管线连接是否正确、油水是否有不足或泄漏，在确保周围没有人或杂物，并在现场老师同意的情况下方可启动；底盘拆装场所，油水泄漏会造成地面湿滑，应及时进行清理和保洁，且行走时需注意安全。

【特别提醒】

底盘总成拆装时，要做好二次安全预案方可拆装，吊装总成时需要在老师同意并在场的情况下方可吊装，避免造成重大安全事故。

一、叉车底盘

底盘是叉车的_____部分，并且是_____的载体。其作用是_____等部件及总成，形成叉车的总体造型，接受_____，使叉车产生运动且保证_____。

（一）叉车底盘的组成和作用

底盘由_____、_____、_____和_____构成，如图 2-2-1 所示。其中传动系统由_____、_____、_____构成；行驶系统主要由_____构成；制动系统主要由_____构成；转向系统主要由_____构成。

图 2-2-1 中标注：制动系统　液力变矩器　后轮胎　自动变速器（选装）　驱动桥　前轮胎

图 2-2-1　叉车底盘的组成

1. 传动系的功能作用

将叉车_____产生的动能传给_____和_____，使_____，即通过_____以及改变动力的_____，使动力装置适应叉车的_____需要。

2. 行驶系的功能作用

将叉车构成_____，支撑叉车的_____；将传动系传来的转矩转化为驱动叉车配件运转行驶的驱动力；承受并传递路面作用于车桥上的_____；减少振动和冲击，以保证_____。

3. 制动系的功能作用

叉车的制动系是_____的机构，用以_____叉车行驶积蓄的_____，强制其减速或_____。制动系行驶工作的_____决定着叉车的_____，因此它不仅可以保证_____，而且还可以_____叉车的作业效率。它的功能作用是_____；防止_____；保证_____。

4. 转向系的功能作用

在叉车驾驶员的操纵下，控制_____。

（二）叉车底盘的安全操作规程

（1）遵守场地安全规定，严格执行操作规程。

（2）穿好工作服并戴好防护手套，不得穿凉鞋，严禁在工作场地吸烟。

（3）作业前先清扫作业场地，避免尘土和油水造成操作安全事故。

（4）对设备外部进行清洗，除去外表的油污和灰尘，放尽需拆卸部件内的油或水，并收集放到指定地点，不准随意乱倒。

（5）作业前，检查地面是否平坦坚实，使用三角木固定4个车轮，用砧木支承好车架的前后端后，必须检查支撑牢固和楔紧，严禁用砖块、泥块等易碎品支垫千斤顶或叉车。

（6）作业前需要先检查工具是否安全、可靠。

（7）严禁在吊起或千斤顶顶起而无安全支承的车桥、车架下面作业，或者在发动着的车辆下面作业。

（8）进行拆卸作业前，应按照先外后内、自上而下的原则逐件进行拆卸，拆下的零部件要有次序地放好，必要时要做上记号，以方便装配。

（9）作业中防止工具打滑、脱手伤人，或者重物翻倒、掉落伤人，同时注意脚底下的油污，防止操作时滑倒。

（10）拆卸较大的部件，需使用起重设备工具时，要严格执行起重作业安全操作规程，零部件的起吊位置要选择恰当，捆绑的钢丝绳要牢固可靠，起吊时要有专人负责指挥。不准使用叉车、装载机等工程机械配合起吊。

（11）在拆卸弹簧、轮胎、钢圈、蓄能器等有内力的零部件时，要采取安全可靠的措施，先释放内存的压力后再行拆卸，严禁在不采取任何措施的情况下盲目拆卸。

（12）凡是螺栓、螺母所使用的平垫圈、弹簧垫圈、锁止垫圈、开口销、垫片及其他金属索线等，必须按照规定装配齐全；主要螺栓紧固后，螺纹杆部应伸出螺母1~3扣；对于一般螺栓，要求螺纹不低于螺母上平面，在不妨碍使用的情况下，允许高出螺母3牙以上。

（13）对于螺纹连接件的拆卸，应选用合适的呆扳手、梅花扳手、套筒扳手及专用工具，不可使用活扳手或手钳，以免损伤螺母或螺栓头的棱角。对于双头螺栓，如有变形，则不可再用；如果螺纹断扣、滑牙不可修复时，都应更换。

（14）遇有锈蚀拆卸困难的螺栓时，要用柴油浸润后再行拆卸。严禁采取强烈锤击或火焰加热的方法强行拆卸。确实拆卸不动的螺栓，可用氧气吹割，但要注意保护被拆部件。

（15）拆装油管时，必须先进行泄压处理，拆装时切勿拉伸、扭曲或弯折管路和软管；在拆卸线束连接器（插接口）时，应拉动插座本体，不允许拽动线束，以免损坏引线。

（16）在拆卸机械车辆底盘或其他较隐蔽的零部件时，应有人配合作业，防止发生意外。在用锤子击打链轨销等经过淬火的零部件时，作业人员应穿长袖工作服，戴安全帽和防护眼镜，其他人员应离开作业现场，防止铁屑飞溅伤人。

（17）使用工具、检测仪器前，应认真掌握工具和检测仪器的使用方法和注意事项。

（18）在任何零件的加工面上锤击时，都必须垫以软金属或垫棒，不可用锤子直接敲打。

（19）操作过程中，注意拆卸下来的零部件摆放有序（如果连接面接触桌面，需要做好防刮花和变形保护），确保在安装过程中不会出现错装、漏装、遗失零部件的现象。

（20）所有零件在组装前必须经过彻底清洗并用压缩空气吹干，经检验确认合格后方可装配。

二、变速箱总成拆装

（一）认知叉车变速箱

变速器是法国雷诺（Renault）发明的，是一种常用的_____装置，它的主要作用就是适应车辆在各种道路条件下_____和平展的道路上_____，驱动轮需要不同的力矩和转速的要求时，变速箱就会将发动机输出的_____和车速在其中加以_____，使之适应这些要求。图2-2-2为叉车变速箱总成，由于发动机_____，所以叉车的_____运动也由_____来解决。另外，变速箱还可将_____。叉车在行驶和作业中，由于厂内工作环境不同，工况复杂，单靠离合器或者液力变矩器还不能完全满足使用要求，必须在之后加一套_____或者_____。

图 2-2-2　叉车变速箱总成

变速器是_____的机构，它能_____改变输出轴和输入轴_____，又称_____。

（二）变速箱的结构和工作原理

1. 变速箱的结构

叉车手动变速箱总成主要由_____等部分组成，如图2-2-3所示。

箱盖　　换挡执行机构

轴承座

螺栓

换挡操纵机构

差速器

侧板

壳体　主减速器

图 2-2-3　叉车手动变速箱的结构

2. 变速箱的作用

① _____

② _____

③ _____

3. 认识变速箱零件（见表 2-2-1）

表 2-2-1　变速箱零件

名　称	图　例	名　称	图　例
离合器壳总成		输入轴	
离合器拨叉		输入齿轮	
分离轴承总成		输入轴蜗杆	

名　称	图　例	名　称	图　例
换挡拨叉杆		输入轴调整滑块	
换挡拨叉总成		倒挡传感器	
换挡拨叉轴紧固盖		变速箱盖板	
输出轴		换挡齿轮及同步器总成	
输出齿轮		倒挡惰轮（内孔较小）	
双联齿轮（内孔较大）		倒挡惰轮轴	
双联齿轮隔套			

4. 变速箱的工作原理

变速器的工作原理，就是通过_____，切换_____，通过_____，从而_____，如图 2-2-4 和图 2-2-5 所示。

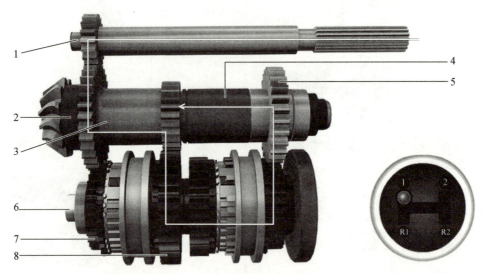

1—主动轴；2—输出轴；3—双联齿轮；4—输入轴；5—输出齿轮；
6—主轴；7—高速齿轮；8—前进挡齿轮。

图 2-2-4 叉车变速箱的传动原理

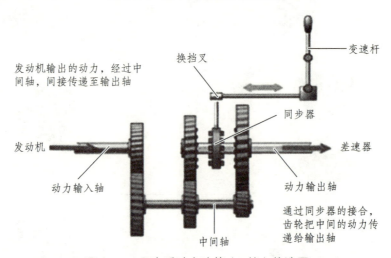

图 2-2-5 叉车手动变速箱（2 挡）构造图

换挡过程：如图 2-2-6 所示，输入轴带动_____，中间轴带动_____，齿轮通过_____和_____相连，传递_____至_____。与此同时，左边的齿轮也在_____，但由于_____，所以它不对_____产生影响。当套筒在两个齿轮中间时（见图 2-2-5），变速箱在空挡位置。两个齿轮都在花键轴上自由转动，速度是由中间轴上的齿轮和输出轴上的齿轮间的变速比决定的。

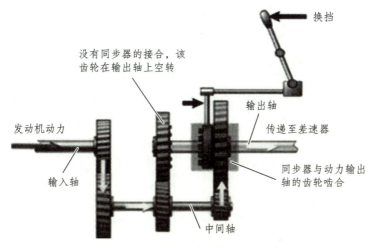

换挡

没有同步器的接合，该
齿轮在输出轴上空转

输出轴

发动机动力

传递至差速器

输入轴

同步器与动力输出
轴的齿轮啮合

中间轴

图 2-2-6　叉车变速箱的换挡原理

（三）变速箱总成拆装

1. 工具准备

棘轮扳手、长接杆、短接杆、万向节、16 mm 套筒扳手、18 mm 套筒扳手、24 mm 套筒扳手、8 mm 开口扳手、12 mm 开口扳手、13 mm 开口扳手 2 把、14 mm 开口扳手、10 mm 弯杆、接油盆、一字螺丝刀。

2. 安全注意事项

（1）清洁叉车底部尘土和污垢，做好安全防护。

（2）作业前做好车辆的固定和支撑。

（3）拆卸蓄电池连接线时，应做好防护措施，避免短路。

（4）拆卸发动机时，应按照发动机拆卸安全要求操作。

（5）放主减速器处的油液时，注意齿轮油油温并做好防滴漏处理，避免造成烫伤及油液回溢。

（6）吊装变速箱时，必须使用吊车或吊机，要严格执行起重作业安全操作规程，捆绑的钢丝绳要牢固可靠，起吊时要有专人负责指挥，不准使用叉车、装载机等工程机械配合起吊。

（7）拆卸变速器总成时，注意做好防齿轮油滴漏处理。

（8）拆卸下来的变速器应放置好，以防倾倒。

（9）吊装时应注意防止刮碰、挤压到其他零部件。

3. 变速箱总成拆卸步骤

（1）_____。

（2）_____。

（3）_____。

（4）_____。

（5）_____。

（6）在制动阀一侧，用 12 mm 开口扳手拧松左侧制动油接管头螺母，用手取下螺母并断开油管接头；用 14 mm 开口扳手断开右侧制动油管接头，用 8 mm 开口扳手取下左侧排气螺塞；分别使用 12 mm、14 mm 开口扳手取下驱动桥上的制动油管。

（7）_____。

（8）使用 2 把 13 mm 开口扳手拧松变速杆固定螺栓，取下变速杆；使用同样的方法取下另一个变速杆。

（9）_____。

（10）使用 18 mm 套筒接杆和棘轮扳手拧松半轴固定螺栓，并取下半轴螺栓，取出半轴。使用同样的方法，拆卸另一根半轴。

（11）使用 18 mm 套筒扳手、万向节、接杆和棘轮扳手拧松变速箱和驱动桥的固定螺栓，取下螺栓。

（12）_____。

4. 总成保养与易损件更换

（1）_____。

（2）_____。

（3）_____。

5. 总成装配与调试

（1）_____。

（2）用手带入变速箱固定螺栓，使用 18 mm 套筒扳手、万向节、接杆和棘轮扳手拧紧螺栓。

（3）_____。

（4）对准定位销装入变速杆，使用 2 把 13 mm 开口扳手拧紧变速杆固定螺栓；使用同样的方法安装另一个变速杆。

（5）_____。

（6）带上制动踏板总成固定螺栓，使用 16 mm 套筒扳手、长接杆和棘轮扳手拧紧螺栓。

（7）安装左侧制动油管接头，使用 12 mm 开口扳手拧紧油接管头螺母，在制动阀一侧，拧紧左侧制动油接管头螺母。

（8）安装制动螺母和排气螺塞，使用 12 mm 开口扳手拧紧螺塞。使用同样的方法安装左侧排气螺栓。

（9）_____。

（10）_____。

（四）变速箱部件拆装

1. 工具准备

活动扳手、24 mm 开口扳手、18 mm 开口扳手、16 mm 开口扳手、_____、接杆、22 mm 套筒扳手、16 mm 套筒扳手、13 mm 套筒扳手、一字螺丝刀、拉拔器、润滑油、锤子、铜锤、铜棒、_____、指针式扭力扳手、表盘式扭力扳手、卡箍钳、錾子、冲子、抹布、撬棍。

2. 安全注意事项

（1）分解变速箱总成之前，必将变速箱外壳彻底清洗干净。

（2）变速箱的分解必须在一个清洁的地方进行，避免使灰尘或其他杂物进入变速箱内部，否则会加剧磨损和损坏轴承。

（3）拆卸轴承应使用专用工具，拆下的轴承要仔细清洗干净。

（4）分解各个分总成时，要把所有零件按拆卸时的顺序放在干净的工作台上，避免零件丢失，且便于装配。

（5）拆卸卡簧应使用卡簧钳。

（6）在拆卸零件的过程中，一定要注意施加在轴或壳体等零件上力量的大小，切勿野蛮操作，避免损坏零件。有些零件是禁止拆卸的，绝对禁止向正在运转的从动件施加外力。

3. 变速箱部件拆解步骤

（1）_____。

（2）使用 22 mm 套筒扳手拆卸 4 个轴承座螺栓，取下两个轴承座盖，并使用绳索将差速器总成吊出。

（3）使用 16 mm 套筒扳手拆卸并取下 2 个齿轴轴承盖，使用铜棒和铜锤将齿轴敲出，取下轴承座，取出齿轴、轴承、衬套和输出轴斜齿轮。

（4）使用 16 mm 套筒扳手拆卸 7 个离合器壳固定螺栓，使用铜锤轻轻敲松离合器壳，取下离合器壳。

（5）_____。

（6）_____。

（7）_____。

（8）_____。

（9）使用活动扳手拆卸空挡灯开关和倒车灯开关，取下空挡灯开关和倒车灯开关。

（10）_____。

（11）使用卡箍钳取下变速箱上的轴承卡箍，取下轴承垫圈、轴承和输入齿轮，并取出主动轴和轴承。

（12）使用铜锤轻轻敲击滑动螺栓，使主动轴轴承架松脱，取出滑动螺栓和主动轴轴承架。

（13）使用 13 mm 套筒扳手拆卸 2 个轴臂螺栓，使用一字螺丝刀撬松轴臂，取出轴臂。

（14）使用专用拉拔器连接换挡杆，将换挡杆另一端从变速箱壳体上拉出，取下专用拉拔器，取出换挡杆和拨叉。

（15）使用一字螺丝刀敲出输出轴螺母锁片，使用撬棍和活动扳手拆卸螺母。

（16）使用铜棒轻轻敲松输出轴，取出输出轴和轴承、输出齿轮、双轮齿轮、止推垫圈、衬套。

（17）_____。

（18）使用 14 mm 开口扳手、19 mm 开口扳手转动拉拔器螺栓，拉出主轴保持器、轴承和隔圈。

（19）_____。

4. 变速箱部件保养与易损件更换

（1）_____。

（2）_____。

（3）_____。

（4）_____。

5. 变速箱部件安装与调试

（1）安装主轴组件，装入惰轮，安装惰轮轴，使用铜锤将惰轮轴轻轻敲击到位。

（2）_____。

（3）_____。

（4）装入输出齿轮、双联齿轮、衬套。

（5）_____。

（6）安装止推垫圈，将输出轴穿过齿轮，安装到位。

（7）_____。

（8）装入输出轴螺母并拧紧，用活动扳手将螺母锁止。

（9）_____。

（10）_____。

（11）_____。

（12）_____。

（13）安装主动轴轴承架上的轴承卡箍。

（14）_____。

（15）安装变速箱上的轴承卡箍，转动滑动螺栓，将螺栓安装到位。

（16）安装两个拨叉传动轴，使用铜锤将传动轴敲击到位。

（17）_____。

（18）_____。

（19）依次安装变速箱盖垫片、变速箱盖，使用工具拧紧变速箱箱盖螺栓。

（20）_____。

（21）装入输出轴斜齿轮，装入衬套、齿轴和轴承。

（22）_____。

（23）在齿轴的另一侧，安装轴承和轴承座，并用铜棒和铜锤敲击到位。

（24）_____。

（25）在差速器轴承座上涂抹润滑油，装入差速器总成，安装两个差速器轴承座，使用工具拧紧轴承盖螺栓。

（26）使用錾子和铜锤将垫片翘起，锁止螺栓。

（五）变速箱总成拆装

变速箱总成拆装见表 2-2-2。

表 2-2-2　变速箱总成拆装

实训项目			变速箱总成拆装
任务：将叉车变速箱总成从整车上拆卸下来并进行保养和更换易损件，然后将变速箱总成装回车内并调试			
工作内容和步骤			注意事项
变速箱总成拆装	工具准备	需要使用的工具：	
	变速箱总成拆卸	变速箱总成拆卸步骤：	
	变速箱总成保养与易损件更换	需要保养和更换的零件：	
	变速箱总成装配与调试	变速箱总成装配与调试步骤：	
变速箱部件拆装	变速箱部件拆解	变速箱部件拆解步骤：	
	变速箱部件保养与易损件更换	保养与易损件更换：	
	变速箱部件安装与调试	变速箱部件安装与调试步骤：	

三、离合器拆装和调试

（一）认识叉车离合器

离合器是内燃叉车传动系统中直接与＿＿＿＿＿＿＿＿＿＿相连接
的部件，其作用是＿＿＿＿＿＿＿＿＿＿＿＿＿＿，使＿＿＿＿＿＿＿＿＿＿＿＿＿＿分离，
保证＿＿＿＿＿＿＿＿＿＿＿＿＿＿＿＿＿。

（二）离合器结构与工作原理

1. 离合器的结构

离合器主要由＿＿＿＿＿＿＿＿＿＿＿＿＿＿＿＿＿＿＿＿等组成，如图
2-2-7 所示。

摩擦片　　　　分离弹簧　　销　　　　离合器盖

飞轮总成　　　　　压盘　　　螺母

图 2-2-7　叉车离合器的结构

2. 离合器的作用

离合器是内燃叉车传动系统中重要的组成部分，其作用主要有：

（1）＿＿＿＿＿＿＿＿＿＿＿＿＿＿＿＿＿＿＿＿＿＿＿＿。

（2）＿＿＿＿＿＿＿＿＿＿＿＿＿＿＿＿＿＿＿＿＿＿＿＿。

（3）＿＿＿＿＿＿＿＿＿＿＿＿＿＿＿＿＿＿＿＿＿＿＿＿。

3. 离合器的工作原理（见图 2-2-8）

离合器在司机踩离合踏板前，由于＿＿＿＿＿＿＿＿＿＿的作用，将离合器片紧紧压
在＿＿＿＿＿＿＿＿，处于＿＿＿＿＿＿，当发动机的＿＿＿＿＿＿＿＿＿＿旋转时，离合
器片两面的＿＿＿＿＿＿就通过＿＿＿＿＿＿＿＿＿＿，使得＿＿＿＿通过＿＿＿＿传
递到＿＿＿＿＿＿。

当司机踩下离合器踏板，通过拉杆＿＿＿＿＿＿＿＿＿＿推动＿＿＿＿＿＿＿＿＿的内端向
＿＿＿＿＿＿侧移动，因为＿＿＿＿＿＿与＿＿＿＿＿＿在一起，而＿＿＿＿＿＿＿与＿＿＿＿＿铰接，
所以当分离杠杆内端向发动机侧移动时，外端就带着压盘克服弹簧的弹力一起向变速箱运动，
使得从动盘两边的＿＿＿＿＿＿消失，＿＿＿＿＿＿不复存在，发动机转矩不能传入变速器，离合器处
于＿＿＿＿＿＿。

分离过程

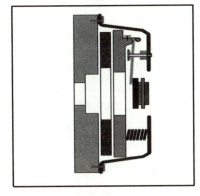

分离过程中，分离轴承压向分离杠杆，分离
杠杆带动压盘远离从动盘，压紧弹簧被压紧

图 2-2-8　叉车离合器的工作原理

当松开踏板时，踏板在＿＿＿＿＿＿返回原处，压盘在＿＿＿＿＿＿作用下又紧紧地将＿＿＿＿＿压紧在＿＿＿＿＿上，离合器恢复＿＿＿＿。另外，当车辆行驶阻力突然增大，超过＿＿＿＿＿＿时，＿＿＿＿＿与＿＿＿＿＿＿之间就会产生＿＿＿＿＿，摩擦片可能＿＿＿＿＿甚至烧坏，发动机动力就无法传向＿＿＿＿，从而避免＿＿＿＿＿＿＿。

（三）离合器总成拆装

1. 工具准备

16 mm 开口扳手、18 mm 开口扳手、22 mm 开口扳手、铁丝、棘轮扳手、万向节、16 mm 套筒扳手、10 mm 套筒扳手、短接杆、十字螺丝刀、一字螺丝刀（两把）、撬棍。

2. 安全注意事项

（1）拆装离合器时，要注意保护从动盘摩擦片，避免沾染油污。

（2）安装减振弹簧时注意避免弹簧跳出，从动盘带突出的一面应朝向压盘。

（3）在安装前，要检查从动盘毂花键与输入轴花键的配合情况，正常情况下应运动自由，但不卡滞，不能有明显的松旷感。

（4）从飞轮上拆下离合器时，应仔细检查离合器盖及平衡垫片原有的记号，如没有记号，应打上记号再开始拆卸。

（5）分解离合器时，为了防止离合器盖变形及零件弹出，应在台虎钳或专用工装上分解，并戴护目镜做好保护。

（6）分解离合器前，应预先在离合器盖及压盘上做出装配的标记，以防止破坏离合器本身的平衡。

（6）将拆下来的零件按分类顺序排好，并清洗干净，同时应注意摆放整齐，防止错乱。

（7）检查从动盘，应特别注意从动盘毂铆钉及减振器的磨损，如损坏，应更换从动盘总成。

（8）装配离合器时，应注意零件间的相互次序，不能错装。离合器压盘装配完后，有条件的最好进行动平衡试验。

3．离合器总成拆卸步骤

（1）_____

_____。

（2）_____

_____。

（3）用 18 mm 开口扳手拧松并取下离合拉杆锁紧螺母，再用 22 mm 开口扳手将离合器拉杆调整螺母拧出；取下弹簧和垫片，取出离合器盖板，使用 19 mm 开口扳手将拉杆从拨叉中拉出。

（4）_____。

（5）_____。

（6）用 16 mm 开口扳手逆时针扳转滑动螺栓，将分离轴承和主动轴回收到变速箱箱体内，使主动轴和离合器总成完全分离，从主动轴上将分离轴承和分离套筒取出。

（7）使用 16 mm 套筒扳手、万向节和棘轮扳手拆除离合器盖上的 6 个固定螺栓，使用一字螺丝刀从观察孔处旋转飞轮。

（8）_____。

4．离合器总成保养与易损件更换

（1）_____。
（2）_____。
（3）_____。
（4）_____。

5．离合器总成装配与调试

（1）_____。
（2）_____。

（3）使用 16 mm 开口扳手顺时针扳转滑动螺栓，将主动轴从变速箱箱体内伸出，同时调整离合器盖和摩擦片总成的位置，使主动轴穿过离合器盖，并与摩擦片的花键毂正确连接，摩擦片安装到位后取出铁丝。

（4）将离合器盖安装到位，用手带上 2 个离合器盖固定螺栓，使用一字螺丝刀从观察孔处旋转飞轮，带上其余 4 个螺栓，使用 16 mm 套筒扳手、万向节和棘轮扳手拧紧螺栓，使用同样的方法安装其余 4 个螺栓。

（5）安装分离叉支撑螺栓，使支撑螺栓完全装入螺栓孔内，然后装上离合器分离叉，并将分离叉安装到支撑螺栓上，并来回移动分离叉，确保分离叉安装到位，分离轴承能顺畅移动。

（6）_____

_____。

（7）使用工具旋转螺母，安装拉杆锁紧螺母，使用 22 mm 开口扳手，调整拉杆调节螺母的位置，使拉杆露出 5~7 牙螺纹。

（8）_____。
（9）_____。

（10）盖上离合器盖，使用 18 mm 开口扳手和 22 mm 开口扳手，朝相反方向锁紧离合器拉杆锁紧螺母，用手带入离合器盖板螺栓，并用工具拧紧，然后安装离合器上部的电缆。

（11）_____。

（四）离合器部件拆装

1. 工具准备

_____。

2. 安全注意事项

（1）拆装离合器时，要注意保护从动盘摩擦片，避免沾染油污。

（2）安装减振弹簧时注意避免弹簧跳出，从动盘带突出的一面应朝向压盘。

（3）分解离合器时，为了防止离合器盖变形及零件弹出，应在台虎钳或专用工装上分解，并戴护目镜做好保护。

（4）分解离合器前，应预先在离合器盖及压盘上做出装配的标记，以防止破坏离合器本身的平衡。

（5）将拆下来的零件按分类顺序排好，并清洗干净，同时应注意摆放整齐，防止错乱。

3. 离合器部件拆解步骤

（1）_____。

（2）_____。

（3）_____。

（4）_____。

（5）取下离合器盖、压紧弹簧、分离杠杆销卡簧、分离杠杆销、分离杠杆。

4. 部件保养与易损件更换

（1）_____。

（2）_____。

（3）注意把专用工具放到3个分离杠杆的中间。

（4）装上压紧弹簧、离合器盖，注意孔位要对齐。

（5）_____。

（6）_____。

（7）分离杠杆固定螺母及垫片，注意_____朝下。

（8）_____。

（9）安装内传动片螺栓，取下专用工具。

（10）_____。

（五）离合器拆装

离合器拆装见表2-2-3。

表 2-2-3　离合器拆装

实训项目			注意事项
离合器 总成拆装	工具准备	需要使用的工具：	
	离合器总成拆卸	离合器总成拆卸步骤：	
	离合器总成保养 与易损件更换	需要保养和更换的零件：	
	离合器总成装配 与调试	离合器总成装配与调试步骤：	
离合器 部件拆装	离合器部件拆解	离合器部件拆解步骤：	
	离合器部件保养 与易损件更换	保养与易损件更换：	
	离合器部件安装 与调试	离合器部件安装与调试步骤：	

四、转向桥拆装

（一）认识叉车转向桥

转向桥拆装

转向桥，是指_____。一般叉车的后桥是转向桥。它利用_____，以实现_____。它除承担车辆的垂直载荷外，还承受_____。

1. 叉车转向桥的结构组成

转向桥主要由_____等部分组成，如图 2-2-9 所示。

弯颈式润滑嘴
转向节主销
油封
滚针轴承
转向节调整垫
轮毂螺栓
轮毂螺母
轮盖
螺母
垫圈

销轴
转向桥壳
转向油缸
连杆
左转向节
油封
轴承
轮毂
轴承

图 2-2-9 叉车转向桥的结构

2. 叉车转向桥的工作原理

转向桥的工作原理：_____，以实现_____。

（二）转向桥总成拆装

1. 工具准备

22 mm 开口扳手、_____、22 mm 套筒扳手、30 mm 套筒扳手、_____、_____。

2. 安全注意事项

（1）转向节和转向节销轴的间隙应不大于 0.1 mm。

（2）转向节与转向桥间的端隙，一般为 0.05～0.1 mm，如端隙过大，可加装调整垫圈进行调整。

（3）转向节轴与转向桥间的滚针轴承，其最大间隙应不大于 0.1 mm。

（4）转向桥轮毂轴承加注润滑脂装配后，旋紧轮毂轴承调整固定螺母，当扳手车轮困难时，应将螺母退回 1/5 圈，装上锁紧垫圈。扳动车轮时，应没有轴向间隙的感觉为宜。

（5）调整轮毂的平行度，其偏差应不大于 1 mm，可通过调节转向杆螺杆进行调整，调整后拧紧止动螺母。

（6）调整转角。将转向桥顶起，将轮毂移到左侧终点位上，调整转向油缸活塞杆，然后垫上弹簧垫并拧紧螺母。

（7）叉车转向桥装合后，各零件之间必须有正确的衔接和共同间隙。

3. 转向桥总成拆卸步骤

（1）_____。

（2）_____。

（3）_____。

（4）在转向油缸油管下方放置接油盆，使用 22 mm 开口扳手拧松转向油缸油管接头螺母，断开油管接头，盛接残余液压油，使用同样的方法拆卸另一侧的油管。

（5）可使用叉车货叉伸入转向桥底部，叉起后桥，使用 30 mm 套筒扳手、接杆和指针式扭力扳手，将转向桥固定在车架上的 4 个螺栓扭松后，然后使用 30 mm 套筒扳手、接杆和棘轮扳手将螺栓拆除，使用同样的方法拆卸其他 3 个螺栓。

（6）_____。

4. 转向桥总成保养与易损件更换

（1）_____。

（2）_____。

（3）_____。

（4）_____。

5. 转向桥总成装配与调试

（1）_____。

（2）升起转向桥，使支座孔和车架螺孔对上后，带上转向桥固定螺栓并使用工具扭紧，使用同样的方法安装其他 3 个螺栓。

（3）_____。

（4）装上转向后轮，将螺母带上后使用工具预紧螺母，操作另一台叉车将叉车升高离地，取出垫在两边车架的铁镦，然后完全落下叉车。

（5）_____。

（三）转向桥部件——转向节的拆装

1. 工具准备

铜棒、锤子、卡簧钳、钳子、铁棒、6 号内六角扳手、开口扳手。

2. 安全注意事项

（1）敲击时禁止使用锤子直接敲击零件。

（2）使用锤子或者铜棒敲击时，注意保护手。

（3）作业中防止工具打滑、脱手伤人，同时注意防止零件跌落。

（4）拆装卡簧时要求使用卡簧钳。

3. 转向节拆卸步骤

（1）_____。

（2）_____。

（3）_____。

（4）_____。

（5）_____。

（6）拆下转向轮毂、转向轮毂内轴承、转向轮毂内油封。

（7）松开连杆上的螺钉，拆下连杆销挡板、连杆销，再拆下连杆。

（8）用内六角扳手松开转向节和转向节主销上的锁紧销钉。

（9）拆下转向节主销，用锤子和铁棒从上往下敲，取的时候从下面取。

（10）_____。

（11）_____。

4. 转向桥总成保养与易损件更换

（1）_____。

（2）_____。

5. 转向节装配步骤

（1）_____。

（2）转向主销从下往上穿，有孔的方向朝下，并且与转向节的孔位方向一致。

（3）_____。

（4）安装转向节主销到顶后再用内六角扳手安装转向节主销上的锁紧销钉。

（5）_____。

（6）装配转向轮毂内油封、转向轮毂内轴承、转向轮毂。

（7）装配轮毂外轴承调整螺母垫片、调整螺母。

（8）_____。

（9）_____。

（四）转向桥总成拆装

转向桥总成拆装见表2-2-4。

表 2-2-4　转向桥总成拆装

实训项目			注意事项
转向桥总成拆装	工具准备	需要使用的工具：	
	转向桥总成拆卸	转向桥总成拆卸步骤：	
	转向桥总成保养与易损件更换	需要保养和更换的零件：	
	转向桥总成装配与调试	转向桥总成装配与调试步骤：	
转向桥部件（转向节）拆装	转向桥部件拆解	转向桥部件拆解步骤：	
	转向桥部件保养与易损件更换	保养与易损件更换：	
	转向桥部件安装与调试	转向桥部件安装与调试步骤：	

五、驱动桥总成拆装

驱动桥总成拆装

（一）认识叉车驱动桥

驱动桥是指_____，一般叉车驱动桥是_____。驱动桥是位于传动系末端能改变_____，并将它们传递给_____的机构。

1. 驱动桥结构

驱动桥主要由_____等部分组成，如图2-2-10所示。

图 2-2-10 叉车前驱动桥的结构

制动鼓主要由_____

_____

_____等部分组成，如图 2-2-11 所示。

图 2-2-11 叉车制动鼓的结构

2. 叉车驱动桥的作用

叉车驱动桥主要是将＿＿＿＿＿＿＿＿＿，增扭后经＿＿＿＿＿＿再转至＿＿＿＿＿，然后再到＿＿＿＿＿＿，并能＿＿＿＿＿＿，也能＿＿＿＿＿＿＿。另外，驱动桥还要承受作用于路面和车架或车身之间的＿＿＿＿＿＿、＿＿＿＿＿＿＿＿以及＿＿＿＿＿＿＿＿＿＿＿＿＿＿＿。

3. 叉车驱动桥的工作原理

驱动桥处于动力传动系的末端，其基本功能如下：

（1）＿＿＿＿＿＿＿＿＿＿＿＿＿＿＿＿＿＿＿＿＿＿＿＿＿＿＿＿＿＿。
（2）＿＿＿＿＿＿＿＿＿＿＿＿＿＿＿＿＿＿＿＿＿＿＿＿＿＿＿＿＿＿。
（3）＿＿＿＿＿＿＿＿＿＿＿＿＿＿＿＿＿＿＿＿＿＿＿＿＿＿＿＿＿＿。

叉车制动鼓的工作原理见图 2-2-12。

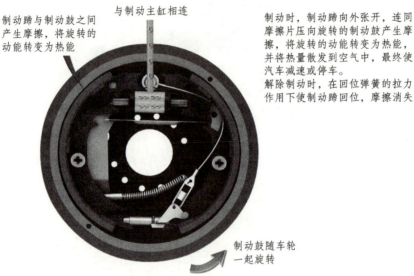

制动蹄与制动鼓之间产生摩擦，将旋转的动能转变为热能

与制动主缸相连

制动时，制动蹄向外张开，连同摩擦片压向旋转的制动鼓产生摩擦，将旋转的动能转变为热能，并将热量散发到空气中，最终使汽车减速或停车。
解除制动时，在回位弹簧的拉力作用下使制动蹄回位，摩擦消失

制动鼓随车轮一起旋转

图 2-2-12　叉车制动鼓的工作原理

（二）驱动桥总成拆装

1. 工具准备

8 mm 开口扳手、12 mm 开口扳手、14 mm 开口扳手、16 mm 开口扳手、扭力扳手、24 mm 套筒扳手、16 mm 套筒扳手、棘轮扳手、接杆、万向节、10 mm 弯杆、卡簧钳、钢丝钳、一字螺丝刀、轮胎螺母套筒、剪式千斤顶、撬棍、接油盆。

2. 安全注意事项

（1）给驱动桥放油、加油、拧开螺塞时，小心热油飞溅。

（2）对叉车进行检查、保养、试验和调整时，在拆卸任何液压油路或分解任何含有液体的部件时，必须用适当的容器来收集液体，并根据地方法规处置所有液体。

（3）放油应在车辆行驶一段时间后进行，以使桥壳内沉淀的杂质充分地悬浮起来。

3. 驱动桥总成拆装步骤

（1）_____。

（2）使用 16 mm 套筒扳手和棘轮扳手，拧松手制动手柄支架固定螺母，取下螺栓和手柄支架，使用卡簧钳拆卸插销锁环，取出垫片和插销。

（3）使用 16 mm 开口扳手拧松两个手制动拉线螺母，取下螺母，并将支架与拉线分离，使用钢丝钳将制动拉线抽出，取出手柄支架。

（4）使用 18 mm 套筒扳手、接杆和棘轮扳手拧松半轴固定螺栓，取下半轴螺栓和半轴，使用同样的方法拆卸另一根半轴。

（5）_____。

（6）_____。

（7）使用行吊吊起叉车，并使用砧木垫在叉车两侧，取下轮胎螺母和右前轮胎，使用同样的方法取出左前轮胎。

（8）在制动阀的一侧，使用 12 mm 开口扳手拧松左侧制动油管接头螺母，用手取下螺母并断开油管接头。

（9）_____。

（10）使用 12 mm 开口扳手、14 mm 开口扳手取下驱动桥上的制动油管，拆除限速阀上的进油管和起升缸的回油管。

（11）用千斤顶顶在变速箱底部，举升到使其刚好和变速箱下部接触。

（12）在驱动桥放油螺塞下方放入接油盆，使用 10 mm 弯杆拧下放油螺塞，放出驱动桥齿轮油。

（13）_____。

（14）使用 24 mm 套筒扳手、接杆和棘轮扳手拧松驱动桥轴承螺栓，取下螺栓和驱动桥轴承盖，将驱动桥与车身分离，同时取出手制动拉线。

（15）_____。

4. 总成保养与易损件更换

（1）_____。

（2）_____。

（3）_____。

5. 驱动桥总成安装与调试

（1）_____
_____。

（2）安装驱动桥轴承盖，带上轴承盖螺栓，使用工具拧紧螺栓，然后移走叉车，然后用手带入变速箱固定螺栓，并使用工具拧紧螺栓，移走剪式千斤顶。

（3）安装左侧制动油管并拧紧接头螺母，在制动阀一侧拧紧油管接头螺母，用手带上排气螺塞，使用工具拧紧螺塞，使用同样的方法，安装右侧制动油管和排气螺塞。

（4）_____。

（5）_____。

（6）使用工具拧紧两前轮固定螺母，安装两前轮半轴，用手带上螺栓，并用工具拧紧螺栓。

（7）_____

_____。

（8）使用一字螺丝刀调节手柄上的调节螺栓，将拉线连接器与支架安装孔对正，安装插销、垫片和锁环，将手柄支架安装到仪表架上，用手带上螺栓，使用工具拧紧螺栓。

（9）_____

_____。

（10）_____

_____。

（三）驱动桥保养

1. 工具及材料准备

撬棍、_____、通心螺丝刀、一字螺丝刀（两把）、_____、轮胎螺母套筒、调整螺母专用拆装工具、汽油、抹布。

2. 安全注意事项

（1）拆装制动器弹簧时注意不要让零部件飞出来伤到自己。

（2）正确拆卸，并注意安装顺序。

（3）拆卸轮胎时，注意避免被轮胎压到。

（4）敲击拆卸轮毂螺母时，注意保护手和零部件。

（5）保养时避免油品污染制动蹄片和轮毂。

（6）取下轮毂总成时，要控制好力度，避免轮毂跌落。

（7）拆解和装配制动蹄回位弹簧时应做好防护，避免弹簧弹出，并佩戴防护眼镜。

3. 拆卸轮毂总成

（1）使用撬棍和轮胎螺母套筒拧松 6 个固定螺母，使用千斤顶和垫块顶起驱动桥，取下轮胎螺母，并取下轮胎。

（2）使用 18 mm 套筒扳手和棘轮扳手拧松半轴固定螺栓，取下半轴螺栓，并取下半轴。

（3）_____。

（4）使用调整螺母专用拆装工具和扭力扳手，拧松外调螺母，并取下外调螺母，取下锁紧垫圈，使用同样的方法，拆卸内调螺母。

（5）拆除轮毂调整螺母后，使用一字螺丝刀将轮毂外油封座的 O 形圈拆除，使用一字螺丝刀取出外油封密封圈，取下轮毂总成。

4. 制动盘拆卸步骤

（1）_____。

（2）使用钢丝钳，取下左侧制动蹄压簧和压簧座，使用同样的方法，取下右侧压簧和压簧座。

（3）_____。

（4）_____。

（5）取下左侧制动蹄，棘爪拉线和回位弹簧。

（6）_____。

（1）安装右侧制动蹄，将蹄片上的锁销插入手制动拉线的安装孔内。

（2）_____。

（3）安装销钉，安装回位弹簧。

（4）_____。

（5）_____。

（6）安装手制动推杆和弹簧。

（7）_____。

（1）将轮毂总成放在操作台上，使用撬棍撬起轮毂内油封。

（2）_____。

（3）_____。

（4）使用铜棒和铜锤，将轮毂外轴承和内油封敲出。

（5）_____。

（6）使用汽油清洗内轴承和外轴承上的润滑脂和铁屑等，清洗完成后，确认轴承能顺畅地移动，并使用抹布清洁轮毂上的外轴承安装面。

（7）翻转轮毂，使用抹布清洁轮毂上的内轴承安装面，在内轴承上抹上适量润滑脂（要在轴承的表面及缝隙中完全填满润滑脂），使用同样的方法，在外轴承上抹上适量的润滑脂。

（8）_____。

（9）装入新的轮毂内油封，使用铜棒轻轻敲击油封，将油封安装到位。

（10）_____。

（11）_____。

（1）_____。

（2）安装轮毂外轴承，使用通心螺丝刀和铜锤，将外轴承轻轻敲击到位。

（3）_____。

（4）_____。

（5）安装新的轮毂外油封，使用通心螺丝刀和铜锤，将油封轻轻敲击到位。

（6）用手带上内调螺母，使用专用工具和扭力扳手拧紧螺母，转动轮毂，确保轮毂能顺畅地转动。

（7）_____。

（8）_____。

（9）更换新的半轴衬垫，装入半轴，用手带上半轴固定螺栓，使用 18 mm 套筒扳手、接杆和扭力扳手拧紧螺栓。

（10）使用撬棍撬起轮胎，装上轮胎，用手带上轮胎固定螺母，使用撬棍和轮胎螺母套筒预紧螺母。

（11）取走垫块和千斤顶，放下驱动桥，前轮着地后，使用撬棍和轮胎螺母套筒拧紧轮胎固定螺母。

（四）驱动桥总成拆装

驱动桥总成拆装见表2-2-5。

表2-2-5　驱动桥总成拆装

实训项目			注意事项
驱动桥总成拆装	工具准备	需要使用的工具：	
	驱动桥总成拆卸	驱动桥总成拆卸步骤：	
	驱动桥总成保养与易损件更换	需要保养和更换的零件：	
	驱动桥总成装配与调试	驱动桥总成装配与调试步骤：	
驱动桥部件（轮毂总成）拆装	轮毂总成拆解	轮毂总成拆解步骤：	
	轮毂总成保养与易损件更换	保养与易损件更换：	
	轮毂总成安装与调试	轮毂总成安装与调试步骤：	

六、制动总泵拆装和调整

（一）认识叉车制动总泵

叉车制动总泵，是＿＿＿＿＿＿＿＿＿＿部分。叉车多使用油刹式制动，使用液压油刹的制动总泵上面有＿＿＿＿＿＿＿＿＿，下方气缸内配有＿＿＿＿＿＿＿。

制动总泵拆装和调整

1. 制动总泵构造

制动总泵主要由＿＿＿＿＿＿＿＿＿＿＿＿＿＿＿＿＿＿＿＿＿＿＿等组成，如图 2-2-13 所示。

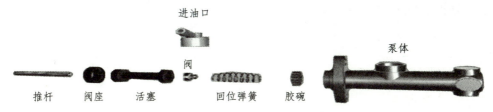

图 2-2-13　叉车制动总泵的构造

2. 制动总泵工作原理

刹车总泵内储有＿＿＿＿＿＿，并有＿＿＿＿＿＿和＿＿＿＿＿＿。当踩刹车时，出油口＿＿＿＿＿＿，
＿＿＿＿＿＿关闭。在泵体活塞的＿＿＿＿＿＿，刹车油被挤出油管向各刹车分泵流去作制动功能。
当松开刹车板时，刹车总泵里的＿＿＿＿会关闭，进油口打开，使刹车油从＿＿＿＿＿＿＿回流到
＿＿＿＿＿＿内，回到＿＿＿＿＿＿，如图 2-2-14 所示。

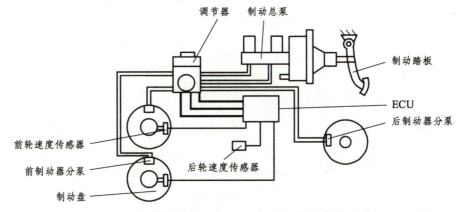

图 2-2-14　叉车制动总泵的工作原理

（二）制动泵总成拆装

1. 工具准备

＿＿＿。

2. 安全注意事项

（1）拆装制动泵时应先解压，避免油液喷射污染地面。

（2）在连接制动总泵油压管路时（请注意检查刹车油管接头和总泵出口螺纹规格是否一
致），必须检查总泵与连接油管接头密封。

3. 制动泵拆卸步骤

（1）＿＿＿＿＿＿＿＿＿＿＿＿＿＿＿＿＿＿＿＿＿＿＿＿＿＿＿＿＿＿＿＿＿＿＿＿＿＿。

（2）＿＿＿＿＿＿＿＿＿＿＿＿＿＿＿＿＿＿＿＿＿＿＿＿＿＿＿＿＿＿＿＿＿＿＿＿＿＿。

（3）＿＿＿＿＿＿＿＿＿＿＿＿＿＿＿＿＿＿＿＿＿＿＿＿＿＿＿＿＿＿＿＿＿＿＿＿＿＿。

（4）＿＿＿＿＿＿＿＿＿＿＿＿＿＿＿＿＿＿＿＿＿＿＿＿＿＿＿＿＿＿＿＿＿＿＿＿＿＿。

4．制动泵装配步骤

（1）小心地将推杆装入活塞凹槽内，注意活塞与推杆的同轴度，如果是带助力器的总泵，在更换时，须把前腔活塞顶杆空深度进行测量比对，并使用同型号总泵。

（2）_____。

（3）_____。

（4）_____。

5．制动总泵调试

（1）安装制动总泵后，必须把原制动液彻底排净，调换同一规格新的合格制动液，禁止_____，否则_____。

（2）将刹车油加入油杯要适量，踏刹车板，约 2/3 行程，来回数次，每次间隔 5 s（视情况而定，可根据工作经验适当调整），尽量使总泵内腔充满刹车油。对于叉车来说，这可以通过分泵调节。

（3）_____
_____。

（4）踏刹车板多次，每次间隔 5 s，并在总泵和分泵的放气螺钉处排尽泵内空气，至无气泡冒出为止（有的总泵上无放气螺钉，可在分泵上排气）。

（5）_____。

（6）调试总泵性能及油管连接确认好后，方可启动叉车试验刹车效果，测试两个轮子的刹车效果是否一致。

（7）_____。

（三）制动泵总成拆装

制动泵总成拆装见表 2-2-6。

表 2-2-6　制动泵总成拆装

实训项目			注意事项
制动总泵拆装	工具准备	需要使用的工具：	
	制动总泵拆卸	制动总泵拆卸步骤：	
	制动总泵装配与调试	制动总泵装配与调试步骤：	

学习任务三　液压系统维修

【学习目标】

1. 掌握叉车液压系统各零部件的结构名称、工作原理和特点；
2. 掌握叉车液压部件拆装与维修的安全操作规范和注意事项；
3. 能配合进行叉车齿轮泵、转向器、多路阀、升降油缸、倾斜油缸、转向油缸的总成及部件拆解、清洗和装配；
4. 能独立进行液压油管的更换和调试；
5. 能正确识读液压系统原理图；
6. 能进行简单的叉车液压系统常见故障辨识、诊断和排除工作。

【建议课时】

24 课时。

【学习过程】

在学习叉车液压系统时，要重视液压系统原理图的识读。液压部件作为精密仪器，在对其进行拆解、清洗和装配时，一定要做到正确规范，避免敲击，且扭力必须准确。在实训操作学习中，拆解时除需要掌握拆解过程中每个零部件的名称和位置外，还要做好零部件的清洁和保护；在清洗中，需要做好部件的摆放工作，并避免有杂物进入零部件内部；在装配中，一方面要充分利用专用工具，避免装配时零件损伤，另外在整车启动前，必须充分检查管路连接是否正确、液压油是否不足或泄漏，在确保周围没有人或杂物，并在老师同意并在场的情况下方可启动；液压拆装场所，有液压油泄漏情况，应及时进行清理和保洁，且行走的需注意安全。

【特别提醒】

在拆装油管时，一定要保证液压油泄压，并佩戴好防护眼镜，避免油液喷溅到眼睛，造成重大安全事故。

一、叉车液压系统

叉车液压系统

叉车液压系统，是叉车的核心系统之一，它不仅关系到叉车工作装置的使用，还关系到叉车的转向等问题。内燃叉车液压系统是利用液压泵将发动机的机械能转换为液体的压力能，通过液体压力能的变化来传递能量，经过各个控制阀（多路阀、转向泵等）和管路的传递，借助液压执行元件（液压油缸）把液体的压力能转换为机械能，从而驱动工作装置实现直线运动或回转运动。

（一）认识叉车液压系统

叉车液压系统在叉车的工作过程中主要实现 5 个重要的功能：一是通过液压系统控制升降

油缸，实现门架的_____；二是通过液压系统控制倾斜油缸，实现门架的_____；三是通过液压系统控制转向油缸，实现叉车的_____；四是控制侧移油缸，实现货架整体左右移动；五是控制差距器油缸，实现货叉的扩展和收缩。

（二）叉车液压系统的组成

1. 液压系统的组成

一个完整的液压系统由五部分组成，即动力元件、控制元件、执行元件、辅助元件和工作介质。

（1）动力元件。

动力元件——_____，将原动机输入的机械能转换成液体的压力能，向整个液压系统提供动力。

（2）控制元件。

控制元件——_____，在液压系统中控制和调节液体的压力、流量及方向，以保证执行元件完成预期的工作。

（3）执行元件。

执行元件——_____或_____，将液体的压力能转换为机械能，驱动工作装置做直线运动或回转运动。

（4）辅助元件。

辅助元件包括_____、_____、_____、_____、_____等，以创造必要条件，保证系统正常工作。

（5）工作介质。

工作介质——_____，用以传递能量，同时还起着散热、防锈和润滑的作用。

2. 叉车液压系统的组成

图 2-3-1 为 CPC30 型普通 3 t 叉车液压系统，主要由齿轮泵、多路阀、转向器、升降油缸、倾斜油缸、转向油缸、油箱、滤油器等组成。

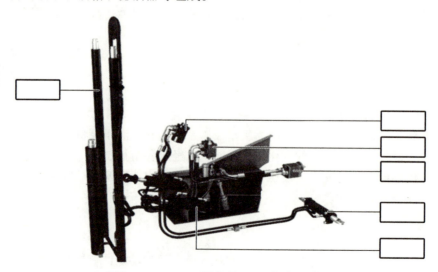

图 2-3-1　CPC30 型普通 3 t 叉车液压系统

（1）动力元件。

叉车的动力元件是_____，它将发动机输入的机械能转换成液压油的压力能，把油吸出来供给液压系统使用，并向整个叉车液压系统提供动力。

（2）控制元件。

叉车的控制元件是_____和_____，它控制叉车液压系统中油液的流动方向，来控制液压油缸的伸缩，从而实现门架升降、倾斜及车轮左右转向等动作。

（3）执行元件。

叉车的执行元件是_____，它将叉车液压油的压力能转换为机械能，驱动液压油缸做直线运动，实现叉车油缸的伸缩，从而实现叉车门架的升降、倾斜及转向桥转向等动作。例如升降油缸控制门架的起升下降，倾斜油缸控制门架的前后倾斜，转向油缸控制叉车的左右转向。

（4）辅助元件。

叉车的辅助元件包括_____、_____、_____、_____、_____等，以创造必要条件，保证系统正常工作。例如，油箱用来储存保证液压系统正常工作所需的油液；油管将各液压元件连接起来，输送油液。

（5）工作介质。

叉车的工作介质是_____，主要起到传递能量的作用，同时还起着散热、防锈和润滑的作用。

（三）叉车液压系统的安全操作规程

（1）液压油必须用符合原厂说明书规定的品种、标号。如代用时，其各项性能必须与原品种、标号相同或接近，不得随意代用，也不得用两种不同品种的液压油掺和使用。

（2）必须保证液压油和液压系统的清洁，不得有灰尘、水分、金属屑和锈蚀等杂质。油箱中的油量应保持正常油面。换油时，应彻底清洗液压系统，加入的新油必须过滤。盛有液压油的容器必须保持清洁，容器内壁不得涂刷油漆。

（3）液压油管接头应牢固避振，软管应无急弯或扭曲，不得与其他油管或物件相碰和摩擦。

（4）液压泵的出入口和旋转方向应与标牌一致，拆装联轴器时不得敲打泵轴。

（5）液压系统各紧固部位必须按规定力矩拧紧。

（6）液压系统各密封部位必须密封可靠，无渗漏。

（7）液压泵启动和停止时，应使溢流阀卸荷。溢流阀的调整压力不得超过液压系统的最高压力。

（8）液压系统发生故障时，必须卸压后方可检查维修，以防止高压油喷出。

（9）拆卸油管接头时，先拧松油管接头，停顿 2~3 s 后再拆卸，防止系统内残余压力使液压油飞溅出来。

（10）所有操作必须穿戴劳保用品，佩戴护目镜。

二、齿轮泵拆装

（一）认识齿轮泵

1. 齿轮泵的结构

叉车齿轮泵主要由泵体、主动齿轮、从动齿轮、侧板和端盖等组成，如图 2-3-2 所示。

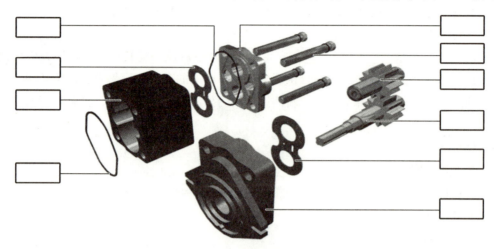

图 2-3-2　齿轮泵的结构

2. 齿轮泵的工作原理

叆车齿轮泵是叉车液压系统中的动力元件，属于_____，主要是一对相互啮合的齿轮转动，将液压油进行升压并输出。其原理是：通过发动机带动主动齿轮旋转，主传动齿轮旋转时带动从动齿轮旋转。由于齿顶圆和泵体内壁表面空隙很小，两端面和侧板之间的缝隙很小，因而将泵体、前盖和后盖围成的空间分为不连通_____和_____，处于吸油腔的一对轮齿逐渐退出啮合，使该腔容积_____，产生了一定的局部真空，油箱中的液压油在大气压力作用下进入吸油腔，完成吸油过程。随着主、从动齿轮的旋转，吸油腔的液压油被轮齿带入排油腔，同时，处于该腔的一对轮齿连续进入啮合，使排油腔容积_____，把液压油从排油口挤出来，完成排油过程。两齿轮不断旋转，齿轮泵就交替进行吸油和压油，油箱中的液压油不断地进入液压系统中。即齿轮转动的过程中，轮齿啮合点半径所扫过的容积使吸油腔容积减小，而齿顶圆半径所扫过的容积使吸油腔的容积增大。由于啮合点的存在，轮齿啮合点半径小于齿顶圆半径，所以轮齿啮合点半径所扫过的容积小于齿顶圆半径所扫过的容积，总的效果是使吸油腔的容积增大、排油腔的容积减小。随着齿轮副的转动，吸油腔容积增大形成真空度，把液压油从油箱中吸进来；同时，排油腔的体积减小，把液压油从排油口挤出去，如图 2-3-3 所示。

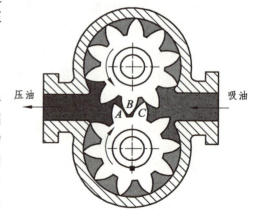

图 2-3-3　外啮合齿轮泵的工作原理图

齿轮泵拆装

3. 外啮合齿轮泵的困油现象

为了使液压齿轮泵能连续供油,吸油腔(区)和压油腔(区)必须隔开,在一对轮齿即将脱开前,后面一对轮齿就要进入啮合,以隔开吸压油腔(区),即齿轮泵要平稳地工作,要求齿轮啮合的重叠系数必须_____,以保证工作的任一瞬间至少有一对以上轮齿在啮合。这样就会出现两对轮齿同时啮合的情况,即原先一对啮合的轮齿尚未脱开,后面一对轮齿已进入啮合。这样就在两对啮合的轮齿之间产生一个闭死的容积,称为_____,使留在这两对轮齿之间的油液困在这个封闭的容积内。

随着液压齿轮泵齿轮的转动,困油区的容积大小发生变化。当容积_____时,由于无法排油,困油区的油液受到挤压,压力急剧升高;随着齿轮的继续转动,闭死容积又逐渐_____(前面一对啮合轮齿处于即将脱开的位置时,闭死容积为最大),由于无法补油,困油区形成_____。油液处在困油区中,需要排油时无处可排,而需要被充油时,又无法补充,这种现象叫作困油。困油现象封闭容积减小时会使被困油液受挤而产生高压,并从缝隙中流出,导致油液发热,轴承等机件也受到附加的不平衡负载作用;封闭容积增大,又会造成局部真空,产生气穴,引起噪声、振动和气蚀。所以在齿轮泵的两侧端盖和两侧板上都会铣有两条_____,且偏向吸油腔。所以要注意观察,特别是具有对称结构的侧板。

4. 外啮合齿轮泵的泄漏

外啮合齿轮泵是一种容积式液压泵,即依靠齿轮传动过程中轮齿进入和脱离啮合,分别在高压腔和低压腔形成瞬时容积的减小和增大,从而实现排油和吸油。外啮合齿轮泵在工作过程中存在 3 个可能产生泄漏的部位:_____、_____和_____。

其中对泄漏影响最大的是齿轮端面和端盖间的_____,通过轴向间隙的泄漏量可占总泄漏量的_____。因为这里泄漏途径短,泄漏面积大。轴向间隙过大,泄漏量多,会使容积效率降低;但间隙过小,齿轮端面和端盖之间的机械摩擦损失增加,会使泵的机械效率降低。因此,设计和制造时必须严格控制泵的轴向间隙,同时对泄漏量最大的端面间隙采用自动补偿装置。

其次,对泄漏影响最大的是_____,通过齿顶间隙的泄漏量可占总泄漏量的_____。为了保证齿轮泵工作时齿轮能够灵活转动,在装配时需保证齿轮齿顶圆与齿轮壳体上的齿轮装配孔(俗称油井孔)间隙为 0.10～0.20 mm,在齿轮泵工作时该间隙构成了齿轮泵齿顶间隙泄漏通道。齿顶间隙存在泄漏路径长、泄漏方向与齿轮转动方向相反的特点。

另外,对泄漏有影响的是_____,通过齿轮啮合点间隙的泄漏量可占总泄漏量的_____。因为在齿轮泵工作中,齿轮啮合点存在一定的齿形加工误差等造成的间隙,会导致油液从高压油腔通过啮合点泄漏到低压油腔。

(二)齿轮泵总成拆装

1. 工具准备

一字螺丝刀、18 mm 套筒扳手、加长杆、棘轮扳手、27 mm 开口扳手、41 mm 开口扳手、铜棒、抹布、接油盆等。

2. 齿轮泵总成拆装注意事项

(1)拆卸前将叉车停放到水平地面,拉上_____,货架完全落到底,熄火。

（2）拆卸前将接油盆放到齿轮泵油口下方地面上，防止拆卸油管时将液压油滴到地面。

（3）拆卸前液压系统_____，防止拆卸油管时高压油喷出。操作方法：发动机熄火状态下，重复操作操纵杆 2~3 次。

（4）拆卸油管时，先拧松油管接头，停顿 2~3 s 后再拆卸，防止系统内残余压力使液压油飞溅出来。

（5）油管拆卸下来后应封堵油缸各油口，避免灰尘、杂物等进入泵体内部。

（6）齿轮泵固定螺栓扭力较大，拆卸时应使用合适的工具，用力时注意做好保护。

（7）装配时，各连接部位应按规定_____拧紧，软管应无急弯或扭曲，不得与其他油管、物件相碰和摩擦。

3. 齿轮泵总成拆卸步骤

（1）打开发动机罩。

（2）用一字螺丝刀拆卸踏板螺栓。

（3）取出踏板垫、踏板、前踏板。

（4）用_____拆解液压齿轮泵吸油管，排空液压管内液压油，并用塞子堵住液压管口。

（5）用 27 mm_____拧松液压泵出油管接头，排空液压管内液压油，并使用塞子堵住液压管口。

注意：先拧松油管接头，停顿 2~3 s 后再拆卸油管，防止系统内残余压力使液压油飞溅出来。

（6）用 41 mm 开口扳手拧松吸油管接头，并取下管接头。

注意：先拧松油管接头，停顿 2~3 s 后再拆卸油管，防止系统内残余压力使液压油飞溅出来。

（7）用 18 mm 套筒扳手、长接杆和棘轮扳手组成的套筒扳手，拧松液压齿轮泵的_____，并取下螺栓。

（8）通过摇晃和使用铜棒敲击方式，取下液压齿轮泵。

注意：封堵各油口，避免灰尘、杂物等进入齿轮泵内部。

4. 总成保养与易损件更换

（1）检查零件的完整性。

通过观察，检查外观是否完整，有无裂纹或者变形；检查_____、_____是否完整；检查紧固螺栓是否完整，有无缺失或者缺少垫片。

（2）检查液压齿轮泵_____是否磨损并做保养。

（3）更换密封件。

5. 齿轮泵总成装配步骤

（1）放置垫片并装配液压齿轮泵。

（2）装配液压齿轮泵_____。

（3）装配吸油管接头。

（4）装配出油液压管。

（5）装配吸油液压管。

（6）安装踏板和踏板垫。

（7）关闭发动机罩。

（三）齿轮泵部件拆装

1. 工具准备

10 号内六角扳手、抹布、接油盆、装有干净煤油的盆、胶垫等。

2. 齿轮泵部件拆装注意事项

（1）打开各油口的封盖，将齿轮泵中残余的_____倒入接油盆中，然后放在支架上待液压油流净，避免液压油滴落到工作台或地面上。

（2）拆卸零件时，尤其是齿轮泵内的零件，要做到_____、不划伤、不磕碰等。

（3）零件安装前要去除毛刺，用煤油清洗并吹干或晾干，切忌用_____擦干。

（4）齿轮泵的连接部位必须按规定的力矩拧紧。

3. 齿轮泵部件拆卸步骤

（1）拆卸螺栓。

① 将液压泵装到台虎钳上，先后_____预松四周 4 个内六角螺栓。

② 预松后将液压泵从台虎钳上取下，然后再对角拆卸四周 4 个内六角螺栓。

③ 取出螺栓和垫片，摆放在指定位置。

注意：对角预松拆卸螺栓。

（2）拆卸前端盖：拇指压在主动齿轮轴上，四指放在前盖边缘，取出前盖。

注意：将前盖的_____朝上放置在橡胶软垫上。

（3）拆卸前侧板，并摆放在指定位置。

（4）拆卸_____，并摆放在指定位置。

（5）拆卸后侧板，并摆放在指定位置。

（6）拆卸泵体，并摆放在指定位置。

（7）拆卸后盖，并摆放在指定位置。

注意：将后盖的工作密封面朝上放置在橡胶软垫上。

4. 齿轮泵部件清洗保养

（1）将拆卸的各零件用煤油清洗并吹干或晾干。

（2）检查各零件，如存在生锈、划痕、磨损等现象，需修复后再进行装配。

（3）更换新的_____。

5. 齿轮泵部件装配步骤

（1）以后盖为底座装配泵体。

注意：泵体标牌上的箭头标记，必须与后盖上的_____和_____标记相合。

（2）装配后侧板，注意对应关系。

（3）装配齿轮组，注意_____。

（4）装配前侧板，注意对应关系。

（5）装配前盖。

（6）装配固定螺栓。

（四）齿轮泵拆装

齿轮泵拆装见表 2-3-1。

表 2-3-1　齿轮泵拆装

实训项目		齿轮泵拆装	
任务：将齿轮泵总成从整车上拆卸下来并进行保养和更换易损件，然后将齿轮泵总成装回车内并调试；拆解齿轮泵部件并进行保养和更换易损件，安装好齿轮泵部件并调试			
工作内容和步骤			注意事项
齿轮泵总成拆装	工具准备	需要使用的工具：	
	齿轮泵总成拆卸	齿轮泵总成拆卸步骤：	
	齿轮泵总成保养与易损件更换	需要保养和更换的零件：	
	齿轮泵总成装配	齿轮泵总成装配步骤：	
齿轮泵部件拆装	齿轮泵部件拆解	齿轮泵部件拆解步骤：	
	齿轮泵部件保养与易损件更换	保养与易损件更换：	
	齿轮泵部件安装与调试	齿轮泵部件安装与调试步骤：	

三、转向器拆装

（一）认识转向器

1. 转向器的结构

叉车转向器主要由阀体、前盖、后盖、阀套、阀芯、转子、定子、联动轴、拔销、弹簧片、隔板等组成，如图 2-3-4 所示。

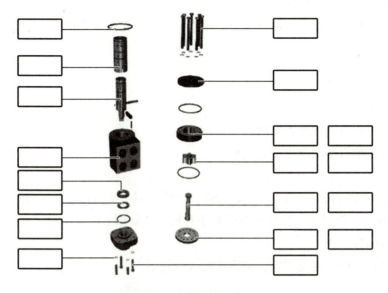

图 2-3-4　转向器的结构

2. 转向器的工作原理

　　叉车转向器是叉车液压系统中的控制元件，主要由＿＿＿＿＿＿和＿＿＿＿＿＿两部分组成。随动转阀包括阀芯、阀套、阀体，控制油流方向；计量马达包括定子、转子，实现计量马达的功能，以保证出口油量与方向盘的转速成正比。转动方向盘，当有油通过计量机构时，通过转子、联动轴、拨销带动阀套与阀芯同向转动，将油送到＿＿＿＿＿＿，控制叉车转向。

（二）转向器总成拆装

1. 工具准备

　　棘轮扳手、接杆、16 mm 套筒扳手、22 mm 开口扳手、一字螺丝刀、抹布、接油盆等。

2. 转向器总成拆装安全注意事项

　　（1）拆卸前将叉车停放到水平地面，拉上手制动，货架完全落到底，熄火。

　　（2）拆卸前将接油盆放到＿＿＿＿＿下方地面上，防止拆卸油管时将残余液压油滴到地面。

　　（3）拆卸前液压系统＿＿＿＿＿，防止拆卸油管时高压油喷出。操作方法：发动机熄火状态下，重复操作操纵杆 2～3 次。

　　（4）拆卸转向器涉及的油管较多，应做好标记。

　　（5）拆卸转向器时应戴手套，避免被周围管线刮伤。

　　（6）拆卸油管时，先拧松油管接头，停顿 2～3 s 后再拆卸，防止系统内残余压力使液压油飞溅出来。

　　（7）油管拆卸下来后应封堵油缸各油口，避免灰尘、杂物等进入阀体内部。

（8）转向器拆下时，应防止跌落。

（9）装配时，各连接部位应按规定力矩拧紧，软管应无急弯或扭曲，不得与其他油管、物件相碰和摩擦。

3. 转向器总成拆卸步骤

（1）打开发动机罩。

（2）用一字螺丝刀拆卸踏板螺栓。

（3）依次取出踏板垫、踏板、前踏板。

（4）_____。

注意：先拧松油管接头，停顿 $2 \sim 3\,s$ 后再拆卸油管，防止系统内残余压力使液压油飞溅出来。

（5）用 16 mm 套筒扳手、接杆和棘轮扳手拧松转向器固定螺栓，取下螺栓。

（6）拆下转向器总成。

注意：封堵各油口，避免灰尘、杂物等进入齿轮泵内部。

4. 总成保养与易损件更换

（1）检查零件的完整性。

通过观察，检查外观是否完整，有无裂纹或者变形；检查出油口、进油口是否完整；检查紧固螺栓是否完整，有无缺失或者缺少垫片。

（2）更换密封件。

5. 转向器总成装配步骤

（1）装入 2 个转向器固定螺栓。

（2）装入转向器。

（3）_____。

（4）用手带上另外 2 个螺栓。

（5）_____。

（6）去掉油口封堵，安装各油管，按规定力矩拧紧油管接头。

（7）安装踏板和踏板垫。

（8）关闭发动机罩。

（三）转向器部件拆装

1. 工具准备

16 号梅花扳手、6 号内六角扳手、抹布、接油盆、装有干净煤油的盆、胶垫等。

2. 转向器部件拆装注意事项

（1）打开各油口的封盖，将转向器中残余的液压油倒入接油盆中，然后放在支架上待液压油流净，避免液压油滴落到工作台或地面上。

（2）拆卸零件时，尤其是转向器内的零件，要做到干净、不划伤、不磕碰等。

（3）零件安装前要去除毛刺，用煤油清洗并吹干或晾干，切忌用棉纱擦干。

（4）转向器的连接部位必须按规定的_____拧紧。

3．转向器部件拆卸步骤

（1）拆卸螺栓。

① 将液压转向器装到台虎钳上，用梅花扳手拧松 7 个六角螺栓。

② 将液压转向器旋转 180° 装上台虎钳，用内六角扳手拧松 4 个六角螺栓。

③ 从台虎钳上取下液压转向器，摆放在指定位置。

（2）拆卸后盖。

① 拆卸 7 个六角螺栓，并摆放在指定位置。

② 依次取出_____、_____、_____、_____、_____、阀芯组件等，并摆放在指定位置。

（3）拆卸前盖。

① 拆卸 4 个内六角螺栓，并摆放在指定位置。

② 取出前盖，并摆放在指定位置。

（4）拆卸阀芯组件。

① 取出拔销，并摆放在指定位置。

② 取出_____、_____，并摆放在指定位置。

（5）拆卸轴承、轴承座、钢球、密封圈等。

4．转向器部件清洗保养

（1）将拆卸的各零件用煤油清洗并吹干或晾干。

（2）检查各零件，如存在生锈、划痕、磨损等现象，需修复后再进行装配。

（3）更换新的密封件。

5．转向器部件装配步骤

（1）装配_____。

（2）将阀芯组件装入阀体，装配止推轴承组件和前盖。

（3）装配钢珠。

（4）装配后盖、转子、定子、联动轴等。

（5）装配螺栓，按规定的_____拧紧。

（四）转向器总成拆装

转向器总成拆装见表 2-3-2。

表 2-3-2　转向器拆装

实训项目		转向器拆装	
任务：将转向器总成从整车上拆卸下来并进行保养和更换易损件，然后将转向器总成装回车内并调试；拆解转向器部件并进行保养和更换易损件，安装好转向器部件并调试			
工作内容			注意事项
转向器总成拆装	工具准备	需要使用的工具：	
	转向器总成拆卸	转向器总成拆卸步骤：	
	转向器总成保养与易损件更换	需要保养和更换的零件：	
	转向器总成装配与调试	转向器总成装配与调试步骤：	
转向器部件拆装	转向器部件拆解	转向器部件拆解步骤：	
	转向器部件保养与易损件更换	保养与易损件更换：	
	转向器部件安装与调试	转向器部件安装与调试步骤：	

四、多路阀拆装

（一）认识转向器多路阀

1. 多路阀的结构

多路阀拆装

多路阀的结构如图 2-3-5 所示，主要包括阀体、阀杆、端盖、弹簧、弹簧座、过载阀等。

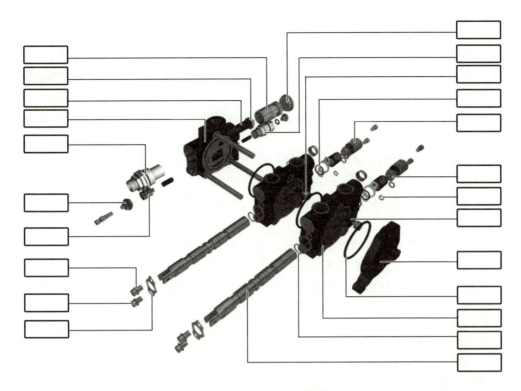

图 2-3-5　多路阀的结构

2．多路阀的工作原理

多路阀是叉车液压系统中的控制元件，属于＿＿＿＿＿＿＿＿，利用阀芯在阀体内的相对运动，使油路接通、关断或变换油流的方向，从而实现执行元件的＿＿＿＿＿＿、＿＿＿＿＿＿＿或＿＿＿＿＿＿，如图 2-3-6 所示。

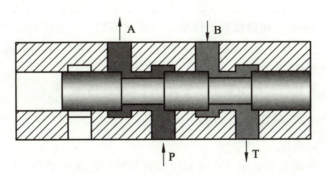

图 2-3-6　多路阀的工作原理

（二）多路阀总成拆装

1．工具准备

27 mm 开口扳手、22 mm 开口扳手、棘轮扳手、16 mm 套筒扳手、钢丝钳、一字螺丝刀、抹布、接油盆等。

2. 多路阀总成拆装注意事项

（1）拆卸前将叉车停放到水平地面，拉上手制动，_____完全落到底，熄火。

（2）拆卸前将接油盆放到多路阀油口下方地面上，防止拆卸油管时将残余液压油滴到地面。

（3）拆卸前液压系统_____，防止拆卸油管时高压油喷出。操作方法：发动机熄火状态下，重复操作操纵杆 2 ~ 3 次。

（4）拆卸多路阀涉及的油管较多，应做好标记。

（5）拆卸多路阀时应戴手套，避免被周围管线刮伤。

（6）拆卸油管时，先拧松油管接头，停顿 2 ~ 3 s 后再拆卸，防止系统内残余压力使液压油飞溅出来。

（7）油管拆卸下来后应封堵油缸各油口，避免灰尘、杂物等进入阀体内部。

（8）多路阀拆下时，应防止跌落。

（9）装配时，各连接部位应按规定力矩拧紧，软管应无急弯或扭曲，不得与其他油管、物件相碰和摩擦。

3. 多路阀总成拆卸步骤

（1）打开发动机罩。

（2）用一字螺丝刀拆卸踏板螺栓。

（3）取出踏板垫、踏板、前踏板。

（4）用 22 mm 开口扳手拆卸倾斜油缸油管。

注意：先拧松油管接头，停顿 2 ~ 3 s 后再拆卸油管，防止系统内残余压力使液压油飞溅出来。

（5）用 27 mm 开口扳手拆卸其他油管。

注意：先拧松油管接头，停顿 2 ~ 3 s 后再拆卸油管，防止系统内残余压力使液压油飞溅出来。

（6）_____。

（7）用 16 mm 套筒扳手和棘轮扳手拧松 3 个固定螺栓，取下螺栓。

（8）用_____取下起升操纵杆和倾斜操纵杆的销轴锁销和销轴。

（9）拆下多路阀总成。

注意：封堵油缸各油口，避免灰尘、杂物等进入阀体内部。

4. 多路阀总成保养与易损件更换

（1）检查零件的完整性。

通过观察，检查外观是否完整，有无裂纹或者变形；检查出油口、进油口是否完整；检查紧固螺栓是否完整，有无缺失或者缺少垫片。

（2）更换密封件。

5. 多路阀总成装配步骤

（1）装入多路阀总成。

（2）安装多路阀_____，用 16 mm 套筒扳手和棘轮扳手拧紧螺栓。

（3）安装倾斜操纵杆和起升操纵杆的销轴和销轴锁销。

（4）去掉油口封堵，安装各_____，按规定力矩拧紧油管接头。

（5）安装踏板和踏板垫。

（6）关闭发动机罩。

（三）多路阀部件拆装

1. 工具准备

开口扳手套装、内六角扳手套装、一字螺丝刀、抹布、接油盆、装有干净煤油的盆子、胶垫。

2. 多路阀部件拆装注意事项

（1）打开多路阀各油口的封盖，将阀体中残余的液压油倒入接油盆中，然后放在支架上待液压油流净，避免液压油滴落到工作台或地面上。

（2）拆卸零件时，尤其是阀体内的零件，要做到干净、不划伤、不磕碰等。

（3）零件安装前要去除_____，用煤油清洗并吹干或晾干，切忌用棉纱擦干。

（4）多路阀的连接部位必须按规定的力矩拧紧。

3. 多路阀部件拆卸步骤

（1）拆卸螺栓。

① 将多路阀装到台虎钳上，然后预松螺杆上的螺母。

② 拆下螺母，并摆放在指定位置。

（2）依次取出_____、_____、_____，并摆放在指定位置。

（3）用一字螺丝刀拧下_____，并摆放在指定位置。

（4）拆卸起升阀体。

① 用一字螺丝刀拧开垫片的固定螺钉，取下螺钉和垫片，并摆放在指定位置。

② 用内六角扳手拧开弹簧盖的固定螺栓，取下螺栓和弹簧盖，并摆放在指定位置。

③ 用手拉出阀杆。

④ 用内六角扳手拧开阀杆上弹簧座的固定螺栓，取下螺栓、弹簧座、弹簧，并摆放在指定位置。

⑤ 拆卸各密封圈，并摆放在指定位置。

（5）拆卸倾斜阀体：按照拆卸起升阀体的顺序依次拆卸，并将零件摆放在指定位置。

4. 多路阀部件清洗保养

（1）将拆卸的各零件用煤油清洗并吹干或晾干。

（2）检查各零件，如存在生锈、划痕、磨损等现象，需修复后再进行装配。

（3）更换新的密封件。

5. 多路阀部件装配步骤

（1）装配_____。

（2）装配_____。

（3）将阀座工作面向上放置在工作台上，装配螺杆。

（4）依次装配倾斜阀体、起升阀体、端盖。

（5）装配螺杆上的螺母，按规定的力矩拧紧。

（四）多路阀拆装

多路阀拆装见表2-3-3。

表2-3-3　多路阀拆装

实训项目			多路阀拆装	
任务：将多路阀总成从整车上拆卸下来并进行保养和更换易损件，然后将多路阀总成装回车内并调试；拆解多路阀部件并进行保养和更换易损件，安装好多路阀部件并调试				
		工作内容		注意事项
多路阀总成拆装	工具准备		需要使用的工具：	
	多路阀总成拆卸		多路阀总成拆卸步骤：	
	多路阀总成保养与易损件更换		需要保养和更换的零件：	
	多路阀总成装配与调试		多路阀总成装配与调试步骤：	
多路阀部件拆装	多路阀部件拆解		多路阀部件拆解步骤：	
	多路阀部件保养与易损件更换		保养与易损件更换：	
	多路阀部件安装与调试		多路阀部件安装与调试步骤：	

五、升降油缸拆装

（一）升降油缸的结构与原理

1. 升降油缸的结构

升降油缸为单作用油缸，主要包括缸体、活塞杆、活塞、缸盖、密封件等，如图 2-3-7 所示。

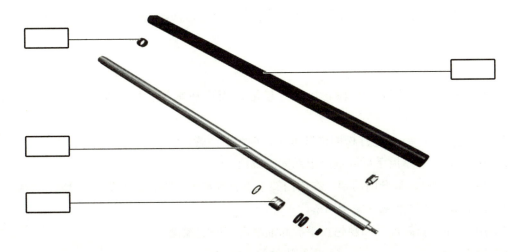

图 2-3-7　升降油缸的结构

2. 升降油缸的工作原理

升降油缸是叉车液压系统中的＿＿＿＿＿＿＿＿，通过活塞杆的伸出和缩回实现门架的＿＿＿＿＿＿＿。

（二）升降油缸总成拆装

1. 工具准备

13 mm 套筒扳手、19 mm 套筒扳手、一字螺丝刀、24-27 号两用扳手、大号棘轮扳手、中号棘轮扳手、抹布、接油盆。

2. 升降油缸总成拆装注意事项

（1）拆卸前将叉车停放到水平地面，拉上手制动，货架完全落到底，＿＿＿＿＿＿。

（2）拆卸前将接油盆放到升降油缸油口下方地面上，防止拆卸油管时将残余液压油滴到地面。

（3）拆卸前液压系统＿＿＿＿＿＿，防止拆卸油管时高压油喷出。操作方法：发动机熄火状态下，重复操作操纵杆 2 ~ 3 次。

（4）放置砧木时，叉车上禁止坐人。

（5）拆卸油管时，先拧松油管接头，停顿 2~3 s 后再拆卸，防止系统内残余压力使液压油飞溅出来。

（6）油管拆卸下来后应封堵油缸各油口，避免灰尘、杂物等进入阀体内部。

（7）升降油缸质量较大，拆卸时应注意保护好自己，避免油缸跌落伤到自己，也要避免其被磕碰。

（8）升降油缸取出和装入时要求戴防滑手套，避免油缸滑落。

（9）装配时，各连接部位应按规定力矩拧紧，软管应无急弯或扭曲，不得与其他油管、物件相碰和摩擦。

3. 升降油缸总成拆卸步骤

（1）用 13 mm 套筒扳手和棘轮扳手拧松缸体固定环螺母，取下螺母、垫片、缸筒固定环。

（2）用＿＿＿＿＿＿＿＿拧松回油管卡箍，拆卸回油管。

（3）用 24 mm 开口扳手拆卸油缸上部固定螺栓。

（4）启动发动机，举升内门架，在内门架下方放置垫木，将内门架降到垫木上，继续下降内门架，使待拆卸油缸活塞杆完全回落。

（5）用 19 mm 套筒扳手和棘轮扳手拆卸油缸底部固定螺栓。

（6）用 27 mm＿＿＿＿＿＿＿＿拆卸进油管。

注意：先拧松油管接头，停顿 2~3 s 后再拆卸油管，防止系统内残余压力使液压油飞溅出来；封堵油缸各油口，避免灰尘、杂物等进入阀体内部。

（7）拆下起升油缸总成。

注意：封堵油缸各油口，避免灰尘、杂物等进入阀体内部；条件允许的情况下可以使用行吊进行吊装。

4. 总成保养与易损件更换

（1）检查零件的完整性。

通过观察，检查外观是否完整，有无裂纹或者变形；检查出油口、进油口是否完整；检查紧固螺栓是否完整，有无缺失或者缺少垫片。

（2）更换密封件。

5. 升降油缸总成装配步骤

（1）装入起升油缸。

（2）去掉油口封堵，安装油缸进油管，按规定力矩拧紧油管接头。

（3）用手带入油缸底部固定螺栓，拧紧螺栓。

（4）启动叉车，举升待安装的油缸。

（5）用手带上油缸顶部固定螺栓，拧紧螺栓。

（6）连接回油管，拧紧卡箍。

（7）_____。

（8）安装垫片和螺母，拧紧螺母。

（三）升降油缸部件拆装

1. 工具准备

专用扳手、一字螺丝刀、抹布、接油盆、装有干净煤油的盆、胶垫。

2. 升降油缸部件拆装注意事项

（1）打开油缸各油口的封盖，必须将油缸中残余的液压油倒入接油盆中，然后放在支架上待液压油流净，避免液压油滴落到工作台或地面上。

（2）拆卸零件时，尤其是缸体内的零件，要做到干净、不划伤、不磕碰等。

（3）零件安装前要去除毛刺，用煤油清洗并吹干或晾干，切忌用棉纱擦干。

（4）油缸的连接部位必须按规定的_____拧紧。

（5）取出活塞杆时，禁止使用带纤维的手套。

（6）升降油缸装到台虎钳时要做好防护，避免掉漆和跌落。

3. 升降油缸部件拆卸步骤

（1）将油缸一端装到台虎钳上夹紧，另一端用与台虎钳相同高度的木块支撑住。

（2）拆卸_____：用专用扳手拧开缸盖螺纹，拆下缸盖，并摆放在指定位置。

（3）拆卸活塞杆组件：将活塞杆组件从缸筒中拉出，并摆放在指定位置。

（4）拆卸密封件：用一字螺丝刀拆下活塞和缸盖上的密封件。

4. 升降油缸部件清洗保养

（1）将拆卸的各零件用煤油清洗并吹干或晾干。

（2）检查缸筒内壁，如存在生锈、拉痕等现象，需修复后再进行装配。

（3）检查活塞杆表面，如存在生锈、磕碰、脱铬等现象，需修复后再进行装配。

（4）更换新的密封件。

5. 升降油缸部件装配步骤

（1）装配_____：将密封件装配到活塞和缸盖上。

（2）装配活塞杆组件：活塞外圆涂抹液压油后，将活塞杆组件装入缸筒中。

（3）装配缸盖：缸盖外圆涂抹液压油后装到缸体上，用专用扳手按规定的力矩拧紧。

（四）升降油缸拆装

升降油缸拆装见表2-3-4。

表 2-3-4　升降油缸拆装

实训项目		升降油缸拆装	
任务：将升降油缸总成从整车上拆卸下来并进行保养和更换易损件，然后将升降油缸总成装回车内并调试；拆解升降油缸部件并进行保养和更换易损件，安装好升降油缸部件并调试			
		工作内容	注意事项
升降油缸总成拆装	工具准备	需要使用的工具：	
	升降油缸总成拆卸	升降油缸总成拆卸步骤：	
	升降油缸总成保养与易损件更换	需要保养和更换的零件：	
	升降油缸总成装配与调试	升降油缸总成装配与调试步骤：	
升降油缸部件拆装	升降油缸部件拆解	升降油缸部件拆解步骤：	
	升降油缸部件保养与易损件更换	保养与易损件更换：	
	升降油缸部件安装与调试	升降油缸部件安装与调试步骤：	

六、倾斜油缸拆装

（一）认识倾斜油缸

1. 倾斜油缸的结构

倾斜油缸为双作用单活塞杆油缸，主要包括缸体、活塞杆、活塞、缸盖、密封件等，如图 2-3-8 所示。

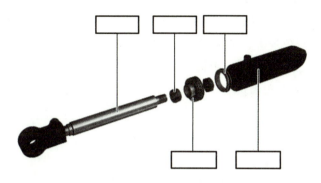

图 2-3-8　倾斜油缸的结构

2. 倾斜油缸的工作原理

倾斜油缸是叉车液压系统中的执行元件，通过活塞杆的伸出和收回实现门架的_____。

（二）倾斜油缸总成拆装

1. 工具准备

铜棒、17 mm 开口扳手、13 mm 套筒扳手、11 mm 套筒扳手、棘轮扳手、专用拉拔器、抹布、接油盆。

2. 倾斜油缸总成拆装注意事项

（1）拆卸前将叉车停放到水平地面，拉上手制动，货架完全落到底，熄火。

（2）拆卸前将接油盆放到升降缸油口下方地面上，防止拆卸油管时将残余液压油滴到地面。

（3）拆卸前液压系统_____，防止拆卸油管时高压油喷出。操作方法：发动机熄火状态下，重复操作操纵杆 2~3 次。

（4）放置砧木时，叉车上禁止坐人。

（5）倾斜油缸是支撑门架的主要支柱，拆卸前需要使用吊装设备，固定好门架，拆卸时应注意保护好自己，避免油缸跌落伤到自己，也要避免其被磕碰。

（6）拆卸油管时，先拧松油管接头，停顿 2~3 s 后再拆卸，防止系统内残余压力使液压油飞溅出来。

（7）油管拆卸下来后应封堵油缸各油口，避免灰尘、杂物等进入阀体内部。

（8）倾斜油缸取出和装入时要求戴防滑手套，避免油缸滑落。

（9）装配时，各连接部位应按规定力矩拧紧，软管应无急弯或扭曲，不得与其他油管、物件相碰和摩擦。

3. 倾斜油缸总成拆卸步骤

（1）用起重设备和绳索固定门架总成，并做二次防跌落处理。

（2）拆卸前，液压系统卸压，重复操作操纵杆 2～3 次，防止拆卸油管时高压油喷出，同时拆卸时可以适当调整吊装。

（3）用 17 mm 开口扳手拆卸油管。

注意：先拧松油管接头，停顿 2～3 s 后再拆卸油管，防止系统内残余压力使液压油飞溅出来；封堵油缸各油口，避免灰尘、杂物等进入缸体内部。

（4）用 11 mm 套筒扳手和棘轮扳手拆卸润滑油嘴。

（5）用 13 mm 套筒扳手和棘轮扳手拆卸两端销轴的固定螺栓。

（6）_____。

（7）拆下倾斜油缸总成。

4. 总成保养与易损件更换

（1）检查零件的完整性。

通过观察，检查外观是否完整，有无裂纹或者变形；检查出油口、进油口是否完整；检查紧固螺栓是否完整，有无缺失或者缺少垫片。

（2）检查_____的磨损程度。

（3）更换密封件。

5. 倾斜油缸总成装配步骤

（1）将倾斜油缸放置到安装位置。

（2）安装缸头端的_____，用铜棒轻轻敲击使销轴安装到位，然后带上销轴固定螺栓。

（3）操作起重设备，使门架略微倾斜，安装油缸活塞杆端的销轴。

（4）使用 13 mm 套筒扳手和棘轮扳手拧紧销轴_____。

（5）安装_____。

（6）去掉油口封堵，安装各油管，按规定力矩拧紧油管接头。

（三）倾斜油缸部件拆装

1. 工具准备

专用扳手、开口扳手套装、一字螺丝刀、抹布、接油盆、装有干净煤油的盆、胶垫。

2. 倾斜油缸部件拆装注意事项

（1）打开油缸各油口的封盖，必须将油缸中残余的液压油倒入接油盆中，然后放在支架上待液压油流净，避免液压油滴落到工作台或地面上。

（2）拆卸零件时，尤其是缸体内的零件，要做到干净、不划伤、不磕碰等。

（3）零件安装前要去除毛刺，用煤油清洗并吹干或晾干，切忌用棉纱擦干。

（4）油缸的连接部位必须按规定的力矩拧紧。

3. 倾斜油缸部件拆卸步骤

（1）将油缸装到台虎钳上，夹紧油缸，注意不要夹到油口平面。

（2）_____。

（3）将活塞杆组件从缸筒中拉出，并摆放在指定位置。

（4）拆卸活塞杆杆头。

① 用开口扳手拆下杆头上的固定螺栓和螺母，并摆放在指定位置。

② 拆下杆头，并摆放在指定位置。

（5）拆下缸盖和定位套。

（6）拆卸活塞。

① 将活塞杆固定到台虎钳上，注意夹紧在专用位置，不要夹到活塞杆表面或螺纹部位。

② 用开口扳手拆下锁紧螺母，并摆放在指定位置。

③ 拆下活塞，并摆放在指定位置。

（7）用一字螺丝刀拆下活塞和缸盖上的密封件。

4. 倾斜油缸部件清洗、保养

（1）将拆卸的各零件用煤油清洗并吹干或晾干。

（2）检查缸筒内壁，如存在生锈、拉痕等现象，需修复后再进行装配。

（3）检查活塞杆表面，如存在生锈、磕碰、脱铬等现象，需修复后再进行装配。

（4）更换新的密封件。

5. 倾斜油缸部件装配步骤

（1）将_____装配到活塞和缸盖上。

（2）将活塞杆固定到台虎钳上，装上_____和_____，按规定的力矩拧紧。

（3）将定位套、缸盖、杆头装到活塞杆上。

（4）装配活塞杆组件：活塞外圆涂抹液压油后，将活塞杆组件装入缸筒中。

（5）拧紧缸盖：缸盖外圆涂抹液压油后，用专用扳手按规定的力矩拧紧。

（四）倾斜油缸总成拆装

倾斜油缸总成拆装见表2-3-5。

表 2-3-5　倾斜油缸拆装

实训项目		倾斜油缸拆装	
任务：将倾斜油缸总成从整车上拆卸下来并进行保养和更换易损件，然后将倾斜油缸总成装回车内并调试；拆解倾斜油缸部件并进行保养和更换易损件，安装好倾斜油缸部件并调试			
工作内容			注意事项
倾斜油缸总成拆装	工具准备	需要使用的工具：	
	倾斜油缸总成拆卸	倾斜油缸总成拆卸步骤：	
	倾斜油缸总成保养与易损件更换	需要保养和更换的零件：	
	倾斜油缸总成装配与调试	倾斜油缸总成装配与调试步骤：	
倾斜油缸部件拆装	倾斜油缸部件拆解	倾斜油缸部件拆解步骤：	
	倾斜油缸部件保养与易损件更换	保养与易损件更换：	
	倾斜油缸部件安装与调试	倾斜油缸部件安装与调试步骤：	

七、转向油缸拆装

（一）认识转向油缸

1. 转向油缸的结构

转向油缸为双作用双活塞杆油缸，主要包括缸体、活塞杆、活塞、缸盖、密封件等，如图 2-3-9 所示。

图 2-3-9　转向油缸的结构

2. 转向油缸的工作原理

转向油缸是叉车液压系统中的执行元件，通过活塞杆的伸出和收回实现叉车的_____。

（二）转向油缸总成拆装

1. 工具准备

套筒扳手套装、开口扳手套装、抹布、接油盆。

2. 转向油缸总成拆装注意事项

（1）拆卸前将叉车停放到水平地面，拉上手制动，货架完全落到底，熄火。

（2）拆卸前将接油盆放到升降油缸油口下方地面上，防止拆卸油管时将残余液压油滴到地面。

（3）拆卸前液压系统_____，防止拆卸油管时高压油喷出。操作方法：发动机熄火状态下，重复操作操纵杆 2~3 次。

（4）拆卸转向油缸需要在车下作业，拆卸前需要使用砧木垫好车辆，条件允许时可以使用吊装设备，但应做好二次防跌落防护。

（5）放置砧木时，叉车上禁止坐人。

（6）拆卸油管时，先拧松油管接头，停顿 2~3 s 后再拆卸，防止系统内残余压力使液压油飞溅出来。

（7）油管拆卸下来后应封堵油缸各油口，避免灰尘、杂物等进入阀体内部。

（8）伸手进入车下拆卸油缸时，应做好防刮擦和油缸跌落工作。

（9）转向油缸取出和装入时要求戴防滑手套，避免油缸滑落。

（10）装配时，各连接部位应按规定力矩拧紧，软管应无急弯或扭曲，不得与其他油管、物件相碰和摩擦。

3. 转向油缸总成拆卸步骤

（1）用套筒扳手将转向轮胎螺母松开。

（2）用起重设备将配重吊起，将铁墩放入转向桥底后放下起重设备。

（3）拆卸转向轮的螺母，把两个转向轮取下。

（4）_____。

（5）用开口扳手拆卸油管。

注意：先拧松油管接头，停顿 2~3 s 后再拆卸，防止系统内残余压力使液压油飞溅出来。

（6）封堵油缸各油口，避免灰尘、杂物等进入油缸内部。

（7）固定好转向油缸，用套筒扳手拆卸油缸的 4 个固定螺栓。

（8）拆出转向油缸总成。

4. 总成保养与易损件更换

（1）检查零件的完整性。

通过观察，检查外观是否完整，有无裂纹或者变形；检查出油口、进油口是否完整；检查紧固螺栓是否完整，有无缺失或者缺少垫片。

（2）检查转向油缸两侧连接耳的磨损情况。

（3）更换密封件。

5. 转向油缸总成装配步骤

（1）将油缸安装到_____上，定位销进入桥体孔后，带上固定螺栓，并按规定力矩拧紧。

（2）去掉油口封堵，安装油管，按规定力矩拧紧。

（3）安装油缸连杆锁卡片和销轴。

（4）装上_____，带上螺母后，稍拧紧。

（5）吊起车辆，取出铁墩后再放下车辆。

（6）用套筒扳手按规定力矩拧紧螺母。

（三）转向油缸部件拆装

1. 工具准备

内六角扳手、钩头扳手、一字螺丝刀、抹布、接油盆、装有干净煤油的盆、胶垫。

2. 转向油缸部件拆装注意事项

（1）打开油缸各油口的封盖，必须将油缸中残余的液压油倒入接油盆中，然后放在支架上待液压油流净，避免液压油滴落到工作台或地面上。

（2）拆卸零件时，尤其是缸体内的零件，要做到干净、不划伤、不磕碰等。

（3）零件安装前要去除毛刺，用煤油清洗并吹干或晾干，切忌用棉纱擦干。

（4）油缸的连接部位必须按规定的力矩拧紧。

3. 转向油缸部件拆卸步骤

（1）将油缸装到台虎钳上，夹紧油缸，不要夹到油口平面。

（2）拆卸＿＿＿＿＿＿＿＿。

① 用内六角扳手拧开缸盖螺纹处的紧定螺钉，拆下紧定螺钉，并摆放在指定位置。

② 用钩头扳手拧开缸盖螺纹，拆下缸盖，并摆放在指定位置。

（3）拆卸活塞杆组件：将活塞杆从缸筒中拉出，并摆放在指定位置。

（4）拆卸密封件：用一字螺丝刀拆下活塞和缸盖上的＿＿＿＿＿＿＿＿。

4. 转向油缸部件清洗、保养

（1）将拆卸的各零件用煤油清洗并吹干或晾干。

（2）检查缸筒内壁，如存在生锈、拉痕等现象，需修复后再进行装配。

（3）检查活塞杆表面，如存在生锈、磕碰、脱铬等现象，需修复后再进行装配。

（4）更换新的密封件。

5. 转向油缸部件装配步骤

（1）装配密封件：将密封件装配到活塞和缸盖上。

（2）装配活塞杆组件：活塞外圆涂抹液压油后，将活塞杆组件装入缸筒中。

（3）装配缸盖。

① 缸盖外圆涂抹液压油后装配到缸体上，用钩头扳手按规定的力矩拧紧。

② 用内六角扳手拧紧缸盖螺纹处的紧定螺钉。

（四）转向油缸拆装

转向油缸拆装见表 2-3-6。

表 2-3-6 转向油缸拆装

实训项目			转向油缸拆装	
任务：将转向油缸总成从整车上拆卸下来并进行保养和更换易损件，然后将转向油缸总成装回车内并调试；拆解转向油缸部件并进行保养和更换易损件，安装好转向油缸部件并调试				
工作内容				注意事项
转向油缸总成拆装	工具准备	需要使用的工具：		
	转向油缸总成拆卸	转向油缸总成拆卸步骤：		
	转向油缸总成保养与易损件更换	需要保养和更换的零件：		
	转向油缸总成装配与调试	转向油缸总成装配与调试步骤：		
转向油缸部件拆装	转向油缸部件拆解	转向油缸部件拆解步骤：		
	转向油缸部件保养与易损件更换	保养与易损件更换：		
	转向油缸部件安装与调试	转向油缸部件安装与调试步骤：		

八、液压油管的更换

（一）认识液压油管

1. 液压油管的作用

在液压系统中，液压油管起着_____和_____的作用。它们遍及整个液压系统，只要任何一根油管损坏，都可能导致系统出现故障。因此，液压油管虽然结构简单，但在液压系统中起着不可缺少的作用。

2. 液压油管的结构

液压油管包括管道、接头和法兰等，如图 2-3-10 和图 2-3-11 所示。

图 2-3-10　硬管结构　　　　　　　　图 2-3-11　软管结构

3. 液压油管的种类

液压系统中使用的油管种类很多，有钢管、铜管、尼龙管、塑料管、橡胶管等。选用时，应按照安装位置、工作环境和工作压力来正确选用。

液压油管的特点及适用范围如表 2-3-7 所示。

表 2-3-7　液压油管的分类和特点

种　类		特点和使用场合
硬管		
软管		

（二）液压油管的更换

1. 工具准备

开口扳手套装、一字螺丝刀、抹布、接油盆。

2. 液压油管的更换注意事项

（1）更换前将叉车停放到水平地面，拉上手制动，货架完全落到底，熄火。

（2）更换前将接油盆放到地面上，防止拆卸油管时将残余的液压油滴到地面。

（3）更换前液压系统＿＿＿＿＿＿＿＿，防止拆卸油管时高压油喷出。操作方法：发动机熄火状态下，重复操作操纵杆2～3次。

（4）油管较多，管路复杂，需要做好标记。

（5）拆卸油管时，先拧松油管接头，停顿2～3 s后再拆卸，防止系统内残余压力使液压油飞溅出来。

（6）拆卸油管时应做好油液的收集，同时要封堵油缸各油口，避免灰尘、杂物等进入油缸内部。

（8）拆卸下的油管应按照长短有序摆放，注意做好各弯头螺纹的保护。

（9）装配油管时，油管接头应按规定＿＿＿＿＿＿拧紧，软管应无急弯或扭曲，不得与其他油管、物件相碰和摩擦。

3. 工作油路上油管的拆卸

（1）用＿＿＿＿＿＿＿＿＿＿＿拆卸油管。

注意：先拧松油管接头，停顿2～3 s后再拆卸，防止系统内残余压力使液压油飞溅出来。

（2）取下油管。

（3）用塑料塞堵上液压元件的油口，防止异物进入使加工面划伤。

（4）检查＿＿＿＿＿＿、＿＿＿＿＿＿及＿＿＿＿＿＿，若有泄漏或损坏，应及时更换。

4. 油管的保养和更换

（1）检查管接头是否有损伤，并更换液压油管橡胶垫和O形圈。

（2）条件允许时可以对油管进行水洗、油洗或酸洗。

（3）检查液压油管的表面是否有裂纹、磨损或折弯。

（4）必要时更换相同型号规格的液压管和管接头。

5. 油管的保养和更换

（1）取下堵塞物，按装配顺序依次装配油管。

（2）装配油管时，油管接头应按规定力矩多次上力拧紧，管路应无急弯或扭曲，不得与其他油管、物件相碰和摩擦。

（3）擦拭油管接头和连接处，检查是否有漏油情况。

（4）启动发动机，加大负载到规定值，逐点检查是否有_____。

6．低压油路上油管的更换

（1）用_____拧松油管上的卡箍。

（2）均匀用力拔出油管。

（3）用塑料塞堵上液压元件的油口，防止异物进入使加工面划伤。

（4）检查油管、接头及密封圈，若有泄漏或损坏，应及时更换。

（5）更换装配油管。

注意：装配油管时，油管接头应按规定力矩拧紧，软管应无急弯或扭曲，不得与其他油管、物件相碰和摩擦。

（三）更换液压油管

更换液压油管见表 2-3-8。

表 2-3-8　更换液压油管

实训项目		更换液压油管	
任务：更换整车上的液压油管			
工作内容			注意事项
工作油路上油管的更换	工具准备	需要使用的工具：	
	工作油路上油管的更换	更换液压油管步骤：	
低压油路上油管的更换	低压油路上油管的更换	更换液压油管步骤：	

九、液压系统原理图识读

液压系统原理图识读

液压系统原理图是使用连线把液压元件的图形符号连接起来的一张简图，用来描述液压系统的组成及工作原理。要正确而又迅速地阅读液压系统原理图，必须很好地掌握液压技术基本知识，熟悉各种液压元件的工作原理、功能和特性；熟悉液压系统各种基本回路的组成、工作原理及基本性质；熟悉液压系统的各种控制方式。液压系统原理图是由液压元件的图形符号组成的，因此还要熟悉液压元件的图形符号。

（一）认识常用液压元件图形符号

1. 动力元件（液压泵）图形符号（见图 2-3-12）

图 2-3-12　动力元件图形符号

2. 控制元件（液压阀）图形符号

（1）压力控制阀图形符号见图 2-3-13。

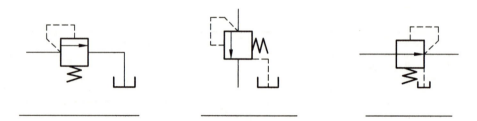

图 2-3-13　压力控制阀图形符号

（2）流量控制阀图形符号见图 2-3-14。

图 2-3-14　流量控制阀图形符号

（3）方向控制阀图形符号见图 2-3-15。

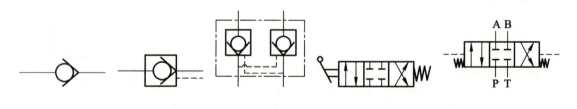

图 2-3-15　方向控制阀图形符号

3. 执行元件（液压油缸、液压马达）图形符号（见图 2-3-16）

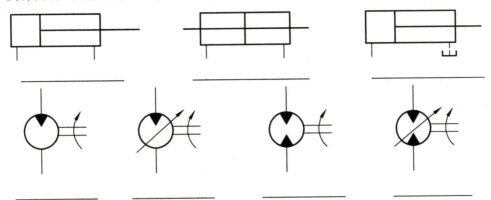

图 2-3-16　执行元件图形符号

4. 辅助元件图形符号（见图 2-3-17）

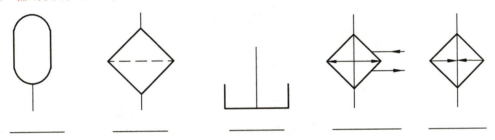

图 2-3-17　辅助元件图形符号

5. 连接图形符号（见图 2-3-18）

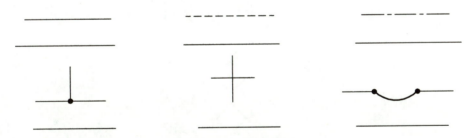

图 2-3-18　连接图形符号

（二）液压系统原理图识读

1. 液压系统原理图的识读方法

（1）模块式识读法。

根据液压系统的组成将叉车液压系统分成动力模块、执行模块、控制模块、辅助模块等，这样就把复杂的图纸人为地分成了几个独立的模块，复杂程度大大降低。然后，有针对性地对各个模块进行识读。最后，将各个模块的工作原理全部读懂以后，再识读整体的液压原理图。

（2）子系统识读法。

根据"先主后支、顺藤摸瓜"的原则，首先将叉车液压系统分成转向回路和工作回路。

其中，工作回路又可分为升降回路和倾斜回路。这样就可以将图纸人为地分成一个个子系统，系统的复杂程度也降低了许多。如果再结合模块式识读方法的话，就可以掌握整个液压原理图。

2. 叉车液压系统原理图识读

图 2-3-19 是常见的叉车液压系统原理图，主要由液压泵、多路换向阀、升降油缸、倾斜油缸、转向油缸、转向器、油箱等组成。

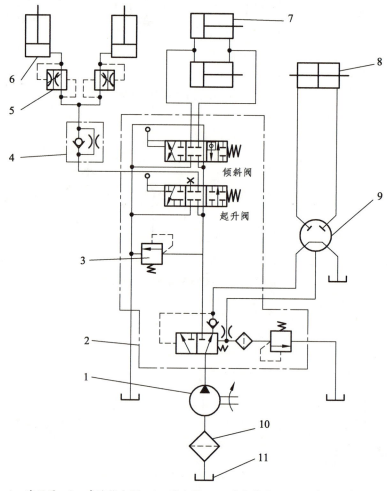

1—液压泵；2—多路换向阀；3—溢流阀；4—单向节流阀；5—节流限速阀；
6—升降油缸；7—倾斜油缸；8—转向油缸；9—转向器；
10—过滤器；11—油箱。

图 2-3-19　叉车液压系统原理图

根据叉车的作业要求，液压系统完成门架的升降、门架的倾斜以及车辆的转向。因此，液压系统可分成升降回路、倾斜回路和转向回路。

（1）升降回路分析。

进油路：_____

_____。

回油路：_____

_____。

（2）倾斜回路分析。

进油路：_____

_____。

回油路：_____

_____。

（3）转向回路分析。

进油路：_____

_____。

回油路：_____

_____。

（三）叉车液压系统原理图识读训练

叉车液压系统原理图识读见表2-3-9。

表2-3-9　叉车液压系统原理图识读

实训项目	叉车液压系统原理图识读		实训载体	CPC30 型叉车
任务：在 CPC30 型叉车上进行叉车整车液压系统原理图识读训练。 要求：根据师傅的指令能正确识读叉车液压系统原理图并在车上进行指认，做到熟练而且正确				
工作描述				
列举液压系统各回路				
指认液压回路走向	正确次数		错误次数	
识读和指认	错误记录			
注意事项				

十、液压系统常见故障的诊断与排除

液压系统常见故障的
诊断与排除

叉车液压系统是叉车的重要组成部分，其工作装置和转向系统等都由液压系统驱动完成。因此，液压系统的正常运行是其良好技术状况的一个重要标志，液压系统质量的优劣直接影响叉车的性能。下面主要对叉车液压元件常见故障进行分析，找出故障的产生原因及相应的排除方法。

（一）齿轮泵常见故障的诊断与排除

齿轮泵常见故障的诊断与排除见表 2-3-10。

表 2-3-10　齿轮泵常见故障的诊断与排除

序号	故障现象	产生原因	排除方法
1	流量不足或压力不能升高		
2	噪声大或压力不稳定		
3	发热		

（二）多路换向阀常见故障的诊断与排除

多路换向阀常见故障的诊断与排除见表 2-3-11。

表 2-3-11　多路换向阀常见故障的诊断与排除

序号	故障现象	产生原因	排除方法
1	阀芯卡滞或不能运动		
2	内泄漏		
3	外泄漏		

（三）液压油缸常见故障的诊断与排除

液压油缸常见故障的诊断与排除见表 2-3-12。

表 2-3-12　液压油缸常见故障的诊断与排除

序号	故障现象	产生原因	排除方法
1	爬行		
2	内泄漏		
3	外泄漏		

学习任务四　电气系统维修

【学习目标】

1. 掌握叉车电气系统各零部件的名称、工作原理和特点；
2. 掌握叉车电器电路拆装与维修的安全操作规范和注意事项；
3. 能配合进行叉车起动机、发电机总成及部件的拆解、清理和装配；
4. 能独立进行照明灯、保险开关、继电器和喇叭等电气元件的更换；
5. 能正确识读电气系统原理图和电器电路原理图。

【建议课时】

12 课时。

【学习过程】

在学习叉车电气系统时，要重视电气系统原理图和电器电路原理图的识读。电气系统作为带电设备，在实训操作学习时要避免被电所伤，在对其进行拆解时一定要先把蓄电池电源断开；在拆解电气元件时，需要掌握拆解元件的名称、位置和作用外，还要理清相关电路，为维修做好准备；在装配中，一定要先检验元件是否有损坏，正负极接口是否正确。另外，整车启动前，必须充分检查线路连接是否正确，有无短接现象，在确保周围没有人或杂物，并在现场老师同意的情况下方可启动。

【特别提醒】

要避免线路短接，特别是起动机的电线连接，如果短路，将造成重大安全事故。

一、叉车电气系统

1. 叉车电气系统的主要组成

（1）电源部分：包括蓄电池、发电机等。
（2）起动部分：包括起动机、起动电路等。

认识叉车电气系统

（3）用电设备：包括仪表电路、照明电路和其他用电及辅助用电设备。

（4）控制部分：包括开关、继电器和其他电子控制装置。

（5）配电设备：包括熔断器装置、整车线路等。

2. 识别叉车电器

（1）请在整车上识别叉车电器（见图2-4-1）。

图 2-4-1　叉车整车电器

1. _____　2. _____　3. _____　4. _____
5. _____　6. _____　7. _____

（2）观察叉车电气元器件并识别叉车电器（见图2-4-2）。

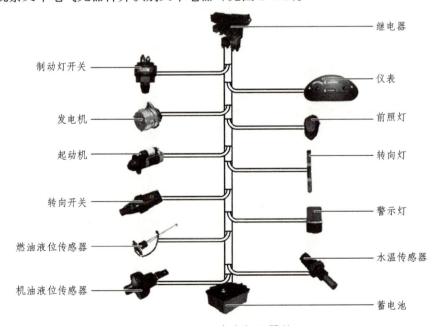

图 2-4-2　叉车电气元器件

3. 叉车电气系统的特点

（1）低电压，电源电压为直流_____V。

（2）所有用电设备均采用_____方式连接，电压_____。

（3）电源和所有用电设备的负极均_____，车架车身、发动机体成为一条公共的_____线。

（4）叉车上有两个电源，即_____和_____。发动机不工作时，由_____供电；发动机启动后，转由_____供电，在_____向用电设备供电的同时，也给_____充电。

（5）用电设备大都设有电路保护装置。为了防止发生电路_____和用电设备不被_____烧毁，总电路和各分电器大都设有_____保护装置。

（6）线路有颜色和编号特征。为了便于区别各线路的连接，叉车所有导线都选用有颜色的_____色或_____色线，并在每极导线上_____。

二、叉车电气系统拆装与维修的注意事项

（1）拆装零部件时要正确选用电气工具。

（2）元器件拆卸前线束应做好标记，取出后应摆放整齐，必要时要做好编号登记。

（3）蓄电池电解液是一种腐蚀剂，操作时一定要注意不要让电解液溅到身上。

（4）拆卸蓄电池时，应先拆蓄电池负极接线柱的电缆（若先拆正极，可能导致将扳手与发动机或车身上的其他金属件接触，受到电击）。

（5）连接蓄电池导线时，应先连接好蓄电池正极电缆，再连接负极电缆。可以在连接柱上涂清洁的润滑脂（黄油），以免连接柱生锈后增加电阻。

（6）安装新熔断器（保险丝、熔断器）前，先检查该部位熔断器的负荷量是否正确，尤其是经常烧断的地方要仔细检查，然后装上合适电流值的熔断器。

（7）连接单头插接件之前，先检查接头外壳有无破裂，接头是否牢固、有无破裂现象。在插入接头时要接合牢固，插好后装好塑料外套。

（8）多头插接件在拆开插件时，要先拉开锁定扣；重新连接时，先检查各接头是否完好，有无弯曲或扭曲，连接后要把锁定扣扣好。

（9）紧固螺钉、螺母装配时先大后小、先里后外，多次对角拧紧。

三、起动电机的拆装与维修

（一）认识起动电机

起动电机的拆装与维修

起动电机由电磁阀、电磁开关组件、电枢、电刷及电刷架、离合器、离合器密封圈、行星齿轮、钢柱、前后端盖等组成，如图 2-4-3 所示。

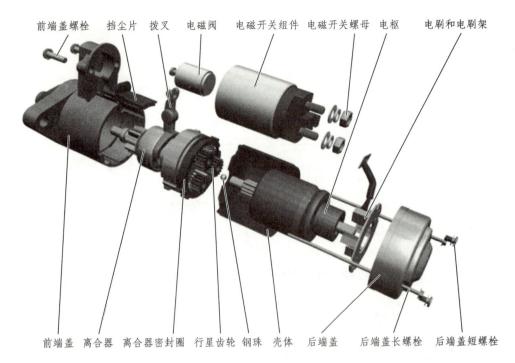

前端盖螺栓　挡尘片　拨叉　电磁阀　电磁开关组件　电磁开关螺母　电枢　　电刷和电刷架

前端盖　离合器　离合器密封圈　行星齿轮　钢珠　壳体　后端盖　后端盖长螺栓　后端盖短螺栓

图 2-4-3　叉车起动电机的结构

（二）起动电机的工作原理及作用

起动马达是将_____能转变成_____能的设备，通电后带动_____旋转，从而使柴油机着火启动。起动电机工作与否就看起动机齿轮与发动机飞轮是否_____。

图 2-4-4 ~ 图 2-4-6 为起动电机的啮合阶段、起动阶段和复位阶段。

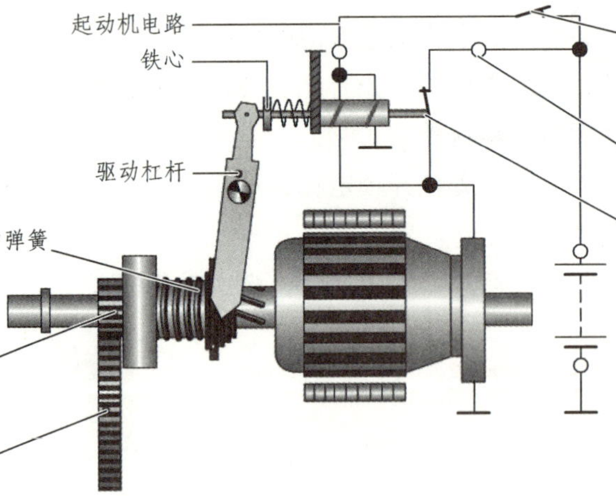

起动机电路

铁心

起动开关

驱动杠杆

起动机接线柱

缓冲弹簧

主触点开关

齿轮

飞轮

图 2-4-4　起动电机啮合阶段

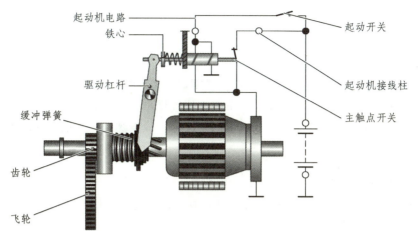

图 2-4-5　起动电机起动阶段

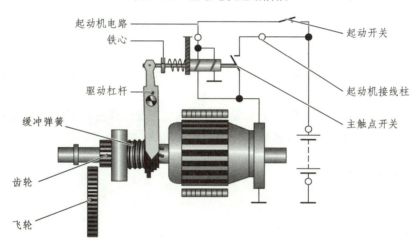

图 2-4-6　起动电机复位阶段

发动机必须依靠外力带动曲轴旋转后，才能进入正常工作状态，通常把车辆发动机在外力作用下，开始转动到怠速运转的全过程，称为发动机的起动。起动系统的作用就是供给发动机曲轴_____，使发动机达到必需的_____，以便发动机进入自运行运转状态。当发动机进入自由运转状态后，便_____工作，完成这个工作的主要部件，就是起动电机。

（三）起动电机总成拆装

1. 工具准备

7 mm 开口扳手、10 mm 开口扳手、16 mm 开口扳手、18 mm 开口扳手。

2. 叉车起动电机总成拆装注意事项

（1）从车上拆下起动电机前应首先切断点火开关并拆下蓄电池搭铁电缆，以防操作时产生电火花，避免损坏电子元件。

（2）若起动电机与发动机之间装有薄金属垫片，在装配时应按原样装回。

（3）拆解叉车起动电机总成时注意做好防滑保护，套筒应选用高强度套筒。

3. 叉车起动电机总成拆卸步骤

（1）打开发动机罩，使用 10 mm 开口扳手拧松蓄电池负极接线柱螺栓，断开蓄电池负极电缆。

（2）使用 7 mm 开口扳手拧松起动电机电缆螺母，取下螺母。

（3）使用 16 mm 开口扳手拧松起动电机正极线缆螺母，取下螺母。

（4）使用 18 mm 开口扳手拧松起动电机固定螺栓，取下螺栓，并取出起动电机。

4. 叉车起动电机总成保养与易损件更换

（1）检查各紧固件是否牢固，保证起动电机在车上安装牢固。

（2）检查起动电机与蓄电池、起动机继电器或组合继电器、开关之间的各连接导线及连接片的连接是否牢固，连接处接触是否良好。

（3）检查起动电机连接导线的绝缘是否损坏，发现导线与接线柱有油污或氧化情况时应清除，使之保持干净，并将其各部连接状态保持紧固。

5. 叉车起动电机总成装配与调试

（1）对准安装位置装入起动电机，用手带上起动电机固定螺栓，使用 18 mm 开口扳手拧紧螺栓。

（2）安装起动电机线缆并拧紧螺母，安装起动电机正极线缆并拧紧螺母，盖上绝缘盖。

（3）连接蓄电池负极电缆并拧紧螺栓，关闭发动机罩。

（四）起动电机部件拆装

1. 工具准备

一字螺丝刀、十字螺丝刀、钳子、扳手等。

2. 叉车起动电机拆装注意事项

不同型号的起动电机解体与组装顺序有所不同，应按厂家规定的操作顺序进行。

（1）部分组合件无故障时不必彻底解体，如电磁开关、定子铁心及绕组。

（2）组装时各螺栓应按规定转矩旋紧，应检查调整各部分间隙。

（3）部分起动电机组装时接合面应涂密封剂。

（4）各润滑部位应使用厂家规定的润滑剂润滑。

（5）更换新衬套时，应在压入之前将衬套在热润滑油中浸泡 5 min。

3. 起动电机的拆解

起动电机解体前应清洁外部的油污和灰尘，然后按下列步骤进行解体：

（1）旋出防尘盖固定螺钉，取下防尘盖。

（2）用专用钢丝钩取出电刷，拆下电枢轴上止推圈处的卡簧。

（3）用扳手旋出两个紧固穿心螺栓，取下前端盖，抽出电枢。

（4）拆下电磁开关主接线柱与电动机接线柱间的导电片。

（5）旋出后端盖上的电磁开关紧固螺钉，使电磁开关后端盖与中间壳体分离。

（6）从后端盖上旋下中间支承板紧固螺钉，取下中间支撑板，旋出拨叉轴销螺钉，抽出拨叉，取出离合器。

4. 零部件的更换与保养

将已解体的机械部分浸入清洗液中清洗，电气部分用棉纱沾少量汽油擦拭干净。

5. 起动电机的装配与调试

（1）将离合器和移动叉装入后端盖内。

（2）安装中间轴承支撑板。

（3）将电枢轴装入后端盖内。

（4）安装电动机外壳和前端盖。

（5）用长螺栓紧固。

（6）安装电刷和防尘罩。

（7）安装起动电机开关。

（五）叉车起动电机检测

1. 工具准备

万用表、弹簧秤、游标卡尺等。

2. 检测方法及步骤

（1）吸引线圈的性能测试：连接蓄电池与电磁起动开关，将电磁开关上与起动电机连接的端子断开，与蓄电池负极连接。电磁开关壳体与蓄电池负极连接。将电磁开关上与点火开关连接的端子与蓄电池正极连接，此时，起动电机驱动齿轮应向外移出，否则说明电磁开关有故障，应予以修理或更换。

（2）保持线圈的性能测试：在吸引线圈性能测试的基础上，拆下电磁开关端子上的连接线，此时，驱动齿轮应保持在伸出位置不动。否则，说明保持线圈损坏或搭铁不正常，应修理或更换电磁开关。

（3）驱动齿轮回位测试：在上述试验的基础上，拆下壳体上的连接线，此时驱动齿轮应迅速复位。如不能复位，说明复位弹簧失效，应予以更换。

（4）驱动齿轮间隙的检查：连接蓄电池和电磁开关，并进行驱动齿轮间隙的测量。测量时，先把驱动齿轮推向电枢方向，消除间隙后测量驱动齿轮端与止动套圈间的间隙，并与标准值进行比较。

（5）空载测试：固定起动电机、连接导线；检查起动电机应平稳运转，同时驱动齿轮应移出；读取万用表的数值，电流值应符合标准值；断开端子后，起动电机应立即停止转动，同时驱动齿轮缩回。

（六）起动电机拆装

起动电机拆装见表2-4-1。

表 2-4-1　起动电机拆装

实训项目			起动电机拆装	
任务：将起动电机总成从整车上拆卸下来并进行保养和更换易损件，将起动电机总成装回车内并调试；拆解起动电机部件并进行保养和更换易损件，安装好起动电机部件并进行检测				
工作内容和步骤				注意事项
起动电机总成拆装	工具准备		需要使用的工具：	
	起动电机总成拆卸		起动电机总成拆卸步骤：	
	起动电机总成保养与易损件更换		需要保养和更换的零件：	
	起动电机总成装配与调试		起动电机总成装配与调试步骤：	
起动电机部件拆装	起动电机部件拆解		起动电机部件拆解步骤：	
	起动电机部件保养与易损件更换		保养与易损件更换：	
	起动电机部件安装与调试		起动电机部件安装与调试步骤：	
起动电机的检测与维修	工具准备		需要使用的工具：	
	检测与维修		起动电机检测与维修步骤：	

四、叉车发电机的拆装与维修

（一）认识发电机

发电机的拆装与维修

发电机主要由＿＿＿＿＿＿、＿＿＿＿＿＿＿、＿＿＿＿＿＿＿、
＿＿＿＿＿＿＿等组成，如图 2-4-7 所示。

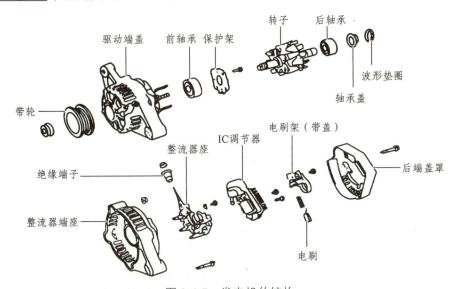

图 2-4-7　发电机的结构

　　在叉车发动机气缸内，经过空气滤清器过滤后的洁净空气与喷油器喷射出的高压雾化柴油充分混合，在活塞上行的挤压下，体积缩小，温度迅速升高，达到柴油的燃点。柴油被点燃，混合气体剧烈燃烧，体积迅速膨胀，推动活塞下行，称为做功。各气缸按一定顺序依次做功，作用在活塞上的推力经过连杆变成了推动曲轴转动的力量，从而带动曲轴旋转。将无刷同步交流发电机与柴油机曲轴同轴安装，就可以利用柴油机的旋转带动发电机的转子，利用电磁感应原理，发电机就会输出感应电动势，经闭合的负载回路就能产生电流。

　　发电机是把＿＿＿＿＿＿能转换为＿＿＿＿＿能的设备，发动机正常运转时，向所有用电设备（起动机除外）供电，同时向＿＿＿＿＿＿＿充电。

（二）发电机总成拆装

1. 工具准备

7 mm 开口扳手、10 mm 开口扳手、16 mm 开口扳手、14 mm 套筒扳手、接杆、棘轮扳手、撬棍。

2. 叉车发电机总成拆装注意事项

（1）从车上拆下起动电机前应先切断点火开关并拆下蓄电池搭铁电缆，以防操作时产生电火花，避免损坏电子元件。

（2）拆卸皮带前应标记发动机皮带的走向。

（3）发电机上面的固定螺栓只需要拆松到发电机背面看不到螺纹即可，最后一步再完全拆卸。

（4）柴油机工作时，传动皮带应保持一定的张紧度，正常情况下，在传动皮带中段加 29～49 N 的压力，皮带应能按下不超过 10～15 mm 的距离为宜。皮带过紧将引起发电机风扇和水泵上的轴承磨损加剧；太松则会使所驱动的附件达不到需要的转速，导致发电机电压下降，风扇风量和水泵流量降低，从而影响柴油机的整车运转。

3. 叉车发电机总成拆卸步骤

（1）打开发动机罩，使用 10 mm 开口扳手拧松蓄电池负极接线柱螺栓，断开蓄电池负极电缆，使用 10 mm 开口扳手拧松蓄电池正极接线柱螺栓，断开蓄电池正极电缆，取下蝶形螺母、橡胶垫、蓄电池。

（2）取下绝缘盖，使用 10 mm 开口扳手拧松并取下螺母和线缆，取下绝缘盖；使用 7 mm 开口扳手拧松并取下螺母和线缆。

（3）使用 13 mm 开口扳手拧松发电机上部的固定螺栓，取下螺栓。

（4）使用 14 mm 套筒扳手、接杆、棘轮扳手和 16 mm 开口扳手拧松发电机下部的固定螺栓和螺母，取出螺母和螺栓，取下发电机。

4. 叉车发电机总成保养与易损件更换

（1）清洁发电机外壳。

（2）手持皮带轮测试前轴承轴向及径向间隙。

（3）转动转子，检查轴承阻力、噪声以及转子与定子之间有无摩擦及异响。当发现阻力较大时，可拆除电刷再试，以确定阻力是来自电刷还是来自轴承。

（4）转动转子轴，检查皮带轮的摆差大小，以判断转子轴是否弯曲。

（5）检查外壳、挂脚等处有无裂纹及损坏。

5. 叉车发电机总成装配与调试

（1）装入发电机，将传动皮带装入发电机皮带轮，安装发电机下部固定螺栓，用手带上螺母，安装发电机上部固定螺栓，使用撬棍顶住发电机，使传动皮带张紧，用手按压皮带，确保皮带张紧度合适。

（2）使用工具拧紧发电机上部固定螺栓，并拧紧发电机下部固定螺母，用手按压皮带再次确认皮带的张紧度。

（3）安装 2 根线缆和螺母并使用工具拧紧螺母，盖上绝缘盖。

（4）安装蓄电池、弯板、橡胶垫和蝶形螺母，连接蓄电池正极线缆并拧紧螺栓，连接蓄电池负极线缆并拧紧螺栓，关闭发动机罩。

（三）叉车发电机部件拆装

1. 工具准备

电气试验台、交流发电机若干台、可调直流电源 12 V、一字和十字螺丝刀各若干把、开口和梅花扳手若干套、万用表。

2. 叉车发电机部件拆装注意事项

（1）使用万用表检测电阻、电压时，应注意挡位的选择。

（2）检测时注意人身安全和设备安全。

（3）按照正确的步骤进行拆装。

（4）相关部件的检查必须符合技术标准。

3．叉车发电机部件拆卸步骤

（1）拆下后轴承盖及油封，旋下转子轴紧固螺母。

（2）拆下前后端盖的紧固螺钉，使装有转子的前端盖与装有定子的后端盖分离，并在前后端盖及定子铁心上同做一记号，以便装复时用。

（3）拆下皮带轮紧固螺母，取下皮带轮、风扇、半圆键，使转子与前端盖分离，注意不要使定子线圈引线拉断。

（4）拆下前轴承盖，取出前轴承。

（5）拆下后端盖上的防护罩。

（6）拆除元件板上的定子线圈线端的连接螺母和中性线线端的连接螺母，使定子与元件板（散热板）分离，取出定子总成。

（7）拆下后端盖上紧固元件板总成的螺母与电枢接线柱的紧固螺母，取下元件板总成。

4．零部件的更换与保养

在轴承中加润滑脂，注意轴承内填充润滑脂的量不宜过多，以免溢出而溅在滑环上，造成电刷接触不良。

5．发电机的装配与调试

（1）分别组合好前后端盖的轴承。

（2）将整流元件板装到后端盖上（千万不要漏装绝缘垫）。

（3）将定子总成装到后端盖上，与整流元件板连接好（定子绕组上4个接线柱应顺其自然，不要强拉、强折，以免转子刮碰）。

（4）将转子总成装入定子及后端盖上。

（5）前后端盖组合连接（注意连接螺栓的螺母应朝向风扇，连接螺栓应对角拧紧，边拧紧边转动转子，避免转子刮碰定子，以免烧坏转子与定子，可采用木锤敲击发电机外壳加以调整）。

（6）装配半圆键、风扇、皮带轮、转子轴前后固定螺母。

（7）装配电刷架总成（注意电刷架与转子轴上铜滑环的位置应对齐）。

（8）装配好的发电机，应转动灵活、无卡滞、无刮碰声，转子轴无窜动现象。

（四）叉车发电机的检测与维修

1．检修发电机壳体

壳体应无裂纹，挂脚无损，壳体上的轴承孔与轴承外圈配合间隙不大于 0.1 mm。

2．检修发电机炭刷及弹簧

炭刷在炭刷架中，应活动自如，无卡滞现象；炭刷上无油污，且长度不宜太短，炭刷弹簧弹力应符合规定要求。

3．检测整流二极管

用万用表电阻"$R \times 1$"挡检测二极管，正向电阻值为 $8 \sim 10\ \Omega$，反向电阻值为 $10\ k\Omega$ 以上。

4. 转子线圈的检测

用万用表"$R \times 1$"挡检测磁场接柱对地的阻值，12 V 发电机的电阻值应为 5～7 Ω，若阻值过低或过高，说明磁场绕组有短路或断路，绕组与滑环之间的连接出现故障。

5. 定子线圈的检测

用万用表"$R \times 1$"挡测量定子线圈 3 个连接端的电阻，阻值应一致。若测出的电阻值过大或过小（接近于零），则表示线圈内部已断路或短路。

6. 检查滑环

滑环表面应清洁、平整和光滑，无烧蚀疤痕，且表面粗糙度应不大于 1.6 μm；滑环的表面不允许有油污，表面有轻微烧痕的应用细砂纸打磨；滑环的铜环厚度应不小于 2 mm。

（五）发电机拆装

发电机拆装见表 2-4-2。

表 2-4-2　发电机拆装

实训项目			注意事项
发电机总成拆装	工具准备	需要使用的工具：	
	发电机总成拆卸	发电机总成拆卸步骤：	
	发电机总成保养与易损件更换	需要保养和更换的零件：	
	发电机总成装配与调试	发电机总成装配与调试步骤：	
发电机部件拆装	发电机部件拆解	发电机部件拆解步骤：	
	发电机部件保养与易损件更换	保养与易损件更换：	

工作内容			注意事项
发电机部件拆装	发电机部件安装与调试	发电机部件安装与调试步骤：	
发电机的检测与维修	工具准备	需要使用的工具：	
	检测与维修	发电机检测与维修步骤：	

五、电气系统原理图识读

电气系统原理图识读

（一）电气元器件符号识读

电路图是利用图形符号和文字符号，表示电路构成、连接关系和工作原理，而不考虑其实际安装位置的一种简图。为了使电路图具有通用性，便于进行技术交流，构成电路图的图形符号和文字符号有统一的国家标准和国际标准。要看懂电路图，必须了解图形符号和文字符号的含义、标注原则和使用方法。一般电气元器件符号有：

（1）一般常用符号。

（2）无源元件、半导体管和电子管符号。

（3）电能的发生和转换符号。

（4）开关控制和保护装置符号。

（5）操作及非电量控制符号。

（6）仪表、灯和信号器件符号。

（二）图形符号的使用原则

上述内容包括所有工程机械使用的符号，对标准中没有规定的符号，可以选取标准中给定的基本符号、一般符号等，按规定的组合原则进行派生，以构成完整的元件或设备的图形符号，但在图样的空白处必须加以说明。如表2-4-3所示，压力开关（常开），可以用压力符号和开关组合在一起，构成压力开关符号。

表 2-4-3　压力开关符号

图形符号	说　明
	常开触点
P - - -	压力控制
P - -	压力开关符号（常开）

图形符号的使用原则应遵循以下几点：

（1）首先选用优选形式。

（2）在满足条件的情况下，首先采用最简单的形式，但图形符号必须完整。

（3）在同一份电路图中同一图形符号采用同一种形式。

（4）符号方位不是固定的，在不改变符号意义的前提下，符号可根据图面布置的需要旋转或成镜像放置，但文字和指示方向不得倒置。

（5）图形符号中一般没有端子代号，如果端子代号是符号的一部分，则端子代号必须画出。

（6）一般连接线不是图形符号的组成部分，方位可根据实际需要布置。

（7）符号的意义由其形式决定，可根据需要进行缩小或放大。

（8）图形符号表示的是在无电压、无外力的常规状态。

（9）图形符号中的文字符号、物理量符号，应视为图形符号的组成部分。当这些符号不能满足标注时，可按有关标准加以补充。

（10）电路图中若未采用规定的图形符号，必须加以说明。

（三）电路符号的识读

对于基本的元器件，其图形符号、文字符号都是相同的，如电阻、电容、照明灯、蓄电池等。由于目前国内还没有工程机械电气图形符号统一标准，各个生产厂家对某些电器所采用的图形符号有所不同，与标准规定有一些差异，这给识读电路图造成一定困难，但图形符号基本结构的组成是相似的，只要了解它们的区别，就能避免识读错误。下面通过具体示例来说明不同机型在表示同一元器件的图形符号时，在电路图中的差异，如图 2-4-8 和图 2-4-9 所示。

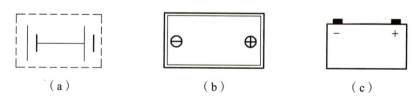

（a）　　　　　　　　（b）　　　　　　　　（c）

图 2-4-8　蓄电池的几种表示形式

（a）　　　　　　　　　（b）

图 2-4-9　起动机的两种表示形式

通过上述示例可知，工程机械电路图形符号目前还没有统一的标准，国内工程机械制造企业大都采用电气技术行业标准，所以在识图过程中应不断地总结经验，找出不同电路中采用的图形符号有哪些相同点和不同点，这样可以提高读图速度。

（四）拓　展

（1）更换叉车全车线路。

（2）更换叉车全车电气元器件。

六、电源和起动系统电路原理图识读

（一）电源系统原理图

电源和起动系统
电路原理图识读

1．电源系统电路原理图（见图 2-4-10）

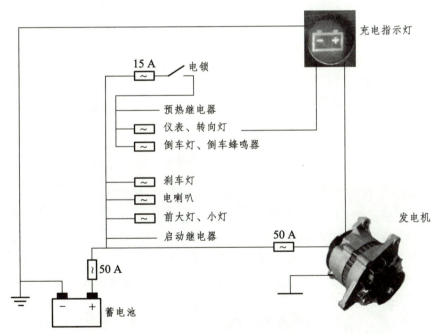

图 2-4-10　电源系统电路原理图

（1）作用：给全车用电设备提供稳定电压的电源，并给蓄电池充电。

（2）组成：蓄电池、交流发电机、电压调节器（集成在发电机内）、连接线路等。

2. 电源系统的工作原理

（1）打开电锁未起动时，电路为：蓄电池正极→电锁→仪表充电指示灯→发电机 D+线柱→蓄电池负极，此时充电指示灯亮，发电机不发电。

（2）发动机起动后带动发电机旋转，定子感应产生交流电压，经电压调节器调节，形成稳定约 14.7 V 的直流电压，其电路为：发电机 B+线柱→蓄电池正极和用电设备，此时充电指示灯灭。

（二）起动系统

1. 起动系统电路原理图（见图 2-4-11）

（1）作用：起动发动机。

（2）组成：电锁、起动继电器、起动电机、连接电线等。

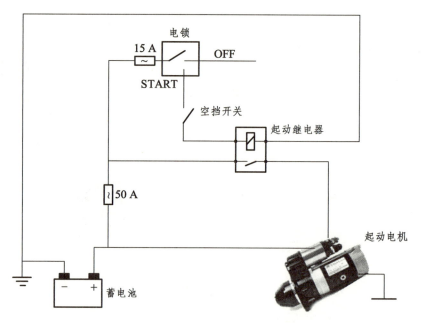

图 2-4-11　起动系统电路原理图

2. 起动系统的工作原理

（1）将电锁扳扭扳到"START"挡，其电路为：蓄电池正极→电锁→空挡开关→起动继电器线圈→蓄电池负极，此时继电器触点闭合。

（2）起动继电器触点闭合后，其电路为：蓄电池正极→起动继电器触点→起动电机磁力开关线圈接线柱→蓄电池负极，此时线圈产生磁力，通过传动叉拨动电机驱动齿轮和飞轮齿圈啮合，同时磁力开关的触点闭合。

（3）磁力开关触点闭合后，其电路为：蓄电池正极→起动电机磁力开关触点→蓄电池负极，此时起动电机转子和定子通电后旋转工作，带动发动机转动。

（三）电源和起动系统电路原理图识读

电源和起动系统电路原理图识读见表 2-4-4。

表 2-4-4　电源和起动系统电路原理图识读

实训项目	电源和起动系统电路原理图识读	实训载体	叉车电器实训台和叉车整车

任务：根据电路原理图在叉车电器实训台和叉车整车上进行电器原理图识读训练。

要求：根据师傅的指令能正确地根据电路原理图，分别在叉车电器实训台和叉车整车上识读电器，并准确描述回路

元器件描述			
回路描述			
电路图和电气识读	正确次数		错误次数	
识读情况	使用错误记录			
注意事项			

七、照明系统电路原理图识读

叉车照明系统是叉车安全行驶的必备系统之一，它主要包括前大灯、小灯、倒车灯、转向灯、刹车灯和警示灯等灯具。叉车照明系统为叉车在光线较暗场所或夜间作业时，提供灯光照明。

照明系统电路原理图识读

（一）前大灯电路

（1）作用：提供叉车前方作业场区的照明。

（2）组成：前大灯（见图 2-4-12）、大灯开关。

图 2-4-12　前大灯灯珠

（3）工作原理：

① 打开大小灯开关到2挡，电路图如图2-4-13所示，电路为：蓄电池正极（或发电机）→大小灯开关→左、右大灯→蓄电池负极，此时左、右大灯均亮。

② 关闭大小灯开关，通向灯的电源断开，此时灯灭。

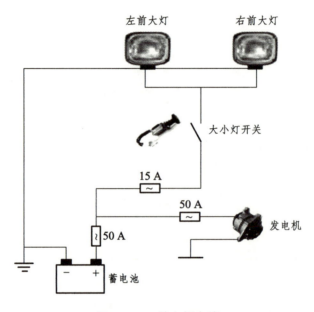

图 2-4-13　前大灯电路

（二）小灯电路

（1）作用：叉车前后各装两个小灯，小灯灯泡功率较小，为10 W，前小灯用于辅助照明，灯罩为白色；后小灯主要用于夜行安全标识警示，灯罩为红色。

（2）组成：前小灯（见图2-4-14）、后小灯、大小灯开关。

图 2-4-14　小灯灯座

（3）工作原理：

① 打开大小灯开关到1挡，电路图如图2-4-15所示，电路为：蓄电池正极（或发电机）→大小灯开关→各个小灯→蓄电池负极，此时4个小灯均亮。

② 关闭大小灯开关，通向灯的电源断开，此时小灯灭。

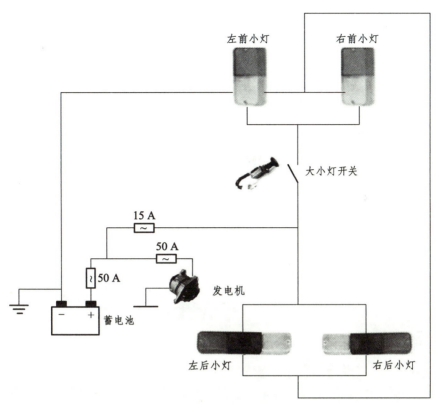

左前小灯　　　　右前小灯

大小灯开关

15 A

50 A

50 A

发电机

－ ＋ 蓄电池

左后小灯　　　　右后小灯

图 2-4-15　小灯电路

（三）倒车灯电路

（1）作用：叉车倒车作业时，用于叉车的后方区域照明。

（2）组成：倒车灯（见图 2-4-16）、倒车灯开关；倒车灯灯泡功率为 10 W，灯罩为白色。

图 2-4-16　倒车灯

（3）工作原理：

① 叉车挂倒挡时，拨叉拨动倒车灯开关触点闭合，电路如图 2-4-17 所示，电路为：蓄电池正极（或发电机）→倒车灯开关→左、右倒车灯→蓄电池负极，此时左、右倒车灯亮。

② 叉车离开倒挡位置时，倒车灯开关触点断开，通向倒车灯的电源断开，此时倒车灯灭。

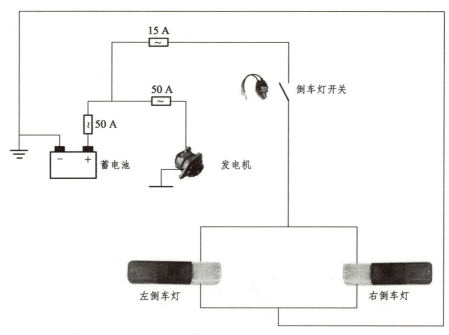

图 2-4-17　倒车灯电路

（四）照明系统电路原理图识读

照明系统电路原理图识读见表 2-4-5。

表 2-4-5　照明系统电路原理图识读

实训项目	照明系统电路原理图识读		实训载体	叉车电器实训台和叉车整车
任务：根据电路原理图在叉车电器实训台和叉车整车上进行电器原理图识读训练。 要求：根据师傅的指令能正确地根据电路原理图，分别在叉车电器实训台和叉车整车上识读电器，并熟练准确描述照明回路				
元器件描述				
回路描述				
电路图和电气识读	正确次数		错误次数	
识读情况	使用错误记录			
注意事项				

八、信号系统电路原理图识读

信号系统是叉车安全行驶的必备系统之一，它主要包括转向灯、喇叭、倒车蜂鸣器和报警灯等电器。叉车信号系统为叉车驾驶提供声、光等警示作用，保证各种运行条件下的人车安全。

信号系统电路原理图识读

（一）转向灯电路

（1）作用：叉车转弯时，通过开启相应方向的闪烁指示灯，来警示车前和车后的行人或车辆，提示本车的行驶方向。

（2）组成：转向灯、转向灯开关、闪光器；转向灯功率为 21 W，灯罩为黄色，闪光器集成在电器集中控制盒中。

（3）工作原理：

① 左转向时，转向灯开关后拉，工作原理图如图 2-4-18 所示，电路为：电源正极（蓄电池或发电机）→闪光器→转向灯开关→左边前、后转向灯→蓄电池负极，此时左边前、后转向灯亮。

② 右转向时，转向灯开关前推，工作原理图如图 2-4-18 所示，电路为：蓄电池正极（或发电机）→闪光器→转向灯开关→右边前、后转向灯→蓄电池负极，此时右边前、后转向灯亮。

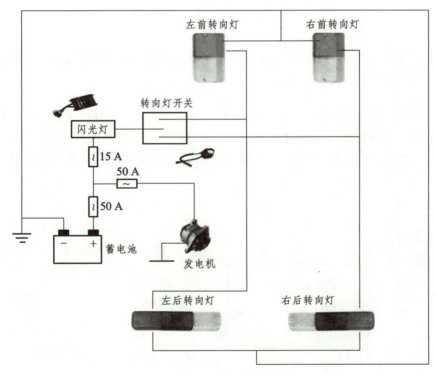

图 2-4-18　转向灯电路图

（二）喇叭电路

（1）作用：在叉车的行驶过程中，驾驶员根据需要和规定发出必需的音响信号，警告行人或引起其他车辆注意，保证交通安全，同时还用于催行与传递信号。

（2）组成：喇叭、喇叭开关。

（3）工作原理：按下喇叭开关，喇叭电路形成回路，喇叭响；松开喇叭开关，电路断开，喇叭不响。其工作原理图如图 2-4-19 所示。

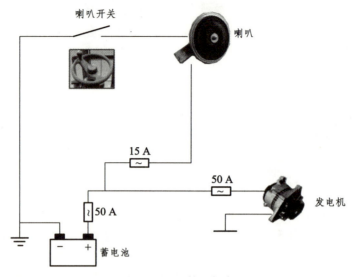

图 2-4-19　喇叭电路

（三）倒车蜂鸣器电路

（1）作用：叉车后退行驶过程中，发出的音响信号，警告后方行人或车辆注意，保证交通安全。

（2）组成：倒车蜂鸣器、倒车开关。

（3）工作原理：

① 叉车挂倒挡时，拨叉拨动倒车灯开关触点闭合，其工作原理图如图 2-4-20 所示。电路为：蓄电池正极（或发电机）→倒车灯开关→倒车蜂鸣器→蓄电池负极，此时倒车蜂鸣器响。

② 叉车离开倒挡位置时，倒车灯开关触点断开，通向倒车蜂鸣器的电源断开，倒车蜂鸣器不响。

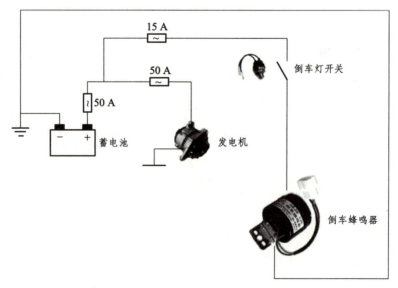

图 2-4-20　倒车蜂鸣器电路

（四）信号系统电路原理图识读

信号系统电路原理图识读见表 2-4-6。

表 2-4-6　信号系统电路原理图识读

实训项目	信号系统电路原理图识读练习		实训载体	叉车电器实训台和叉车整车
任务：根据电路原理图在叉车电器实训台和叉车整车上进行电器原理图识读训练。 要求：根据师傅的指令能正确地根据电路原理图，分别在叉车电器实训台和叉车整车上识读电器，并熟练准确描述信号回路				
元器件描述				
回路描述				
电路图和电气识读	正确次数		错误次数	
识读情况	使用错误记录			
注意事项				

九、仪表系统电路原理图识读

仪表系统是叉车安全行驶的必备系统之一，它主要包括水温表、燃油表、计时表、机油压力报警灯、充电指示灯、预热指示灯和转向指示灯等电器，如图 2-4-21 所示。叉车仪表系统是叉车驾驶的监测设备，用来监测发动机和其他装置的工作情况。

仪表系统电路原理图识读

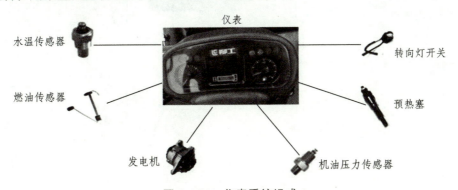

图 2-4-21　仪表系统组成

（一）水温表电路

（1）作用：指示发动机内部冷却水的工作温度。

（2）组成：由安装在仪表上的水温指示表和装在发动机气缸盖上的温度传感器组成。

（3）工作原理：温度传感器中装有热敏电阻，其电阻值是随水温变化而变化的，水温低时，电阻值大，电路经过水温表的电流小，表针指向低温刻度；水温高时，电阻值小，电路经过水温表的电流大，表针指向高温刻度。其工作原理图如图 2-4-22 所示。

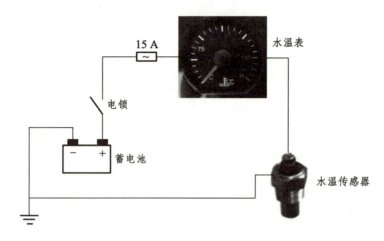

图 2-4-22　水温表电路

（二）燃油表电路

（1）作用：指示油箱中燃油量的多少。

（2）组成：由安装在仪表上的燃油指示表和装在燃油箱中的燃油传感器组成。

（3）工作原理：燃油传感器的浮子随油面的变化而改变电阻值，燃油表的电路因传感器电阻值的变化而改变电流强度，指针位置也相应摆动变化。其工作原理图如图 2-4-23 所示。

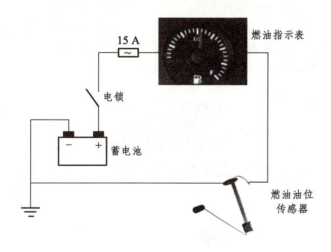

图 2-4-23　燃油表电路

（三）计时器电路

（1）作用：显示叉车累计工作的小时数。

（2）工作原理：发电机 D+线柱控制计时器电路，发电机发电后，计时器工作，漏斗标识闪烁；发电机不发电，计时表不计时，漏斗标识不闪烁。其工作原理图如图 2-4-24 所示。

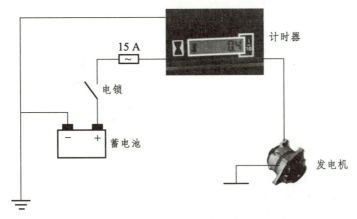

图 2-4-24　计时器电路

（四）机油压力报警灯电路

（1）作用：提示驾驶员当前的发动机机油压力是否处于安全范围内。

（2）工作原理：机油压力传感器安装在发动机主油道上，当压力传感器检测到发动机的机油压力低于 0.02 MPa 时，传感器内的触点闭合，机油压力报警灯亮；当机油压力高于 0.02 MPa 时，油压推动传感器内的膜片，使触点断开，机油压力报警灯灭。其工作原理图如图 2-4-25 所示。

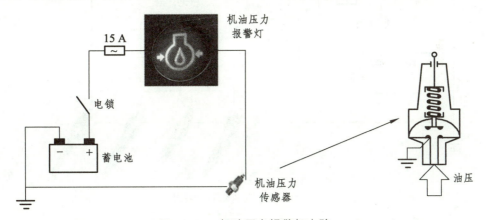

图 2-4-25　机油压力报警灯电路

（五）充电指示灯电路

（1）作用：指示发电机是否有故障。

（2）工作原理：打开电锁，充电指示灯和发电机上 D+线柱形成回路，充电指示灯亮；发动机起动后，发电机发电，D+线柱断开，充电指示灯灭。如果起动后，充电指示灯仍亮，说明发电机不发电或充电指示电路有故障。其工作原理图如图 2-4-26 所示。

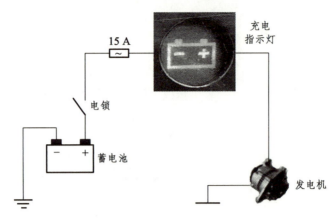

图 2-4-26 充电指示灯电路

（六）预热指示灯电路

（1）作用：指示发动机预热塞工作状态。

（2）工作原理：打开电锁，预热继电器线圈通电产生磁力，将触点吸合，大电流通过继电器触点通向发动机的 4 个预热塞并形成回路，预热塞把电能转换为热能。预热指示灯电源线和预热塞电路并联，预热塞通电工作时，指示灯亮，预热塞断电时，指示灯灭。其工作原理图如图 2-4-27 所示。

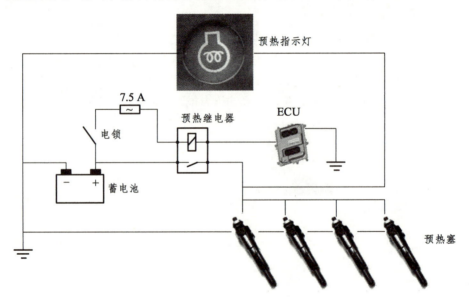

图 2-4-27 预热指示灯电路

（七）转向指示灯电路

（1）作用：指示转向灯的工作方向。

（2）工作原理：

① 左转向时，转向灯开关后拉，其工作原理图如图 2-4-28 所示，电路为：电源正极（蓄电池或发电机）→闪光器→转向灯开关→左转向指示灯，此时左转向指示灯闪烁。

② 右转向时，转向灯开关前推，其工作原理图如图 2-4-28 所示，电路为：蓄电池正极（或

发电机）→闪光器→转向灯开关→右转向指示灯，此时右转向指示灯闪烁。

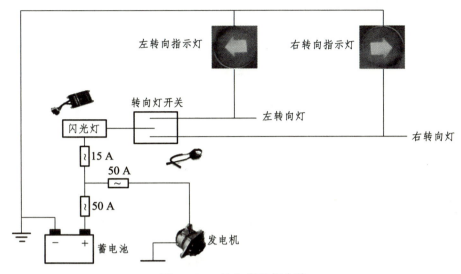

图 2-4-28　转向指示灯电路

（八）仪表系统电路原理图识读

仪表系统电路原理图识读见表 2-4-7。

表 2-4-7　仪表系统电路原理图识读

实训项目	仪表系统电路原理图识读		实训载体	叉车电器实训台和叉车整车	
任务：根据电路原理图在叉车电器实训台和叉车整车上进行电器原理图识读训练。 要求：根据师傅的指令能正确地根据电路原理图，分别在叉车电器实训台和叉车整车上识读电器，并熟练准确描述仪表回路					
元器件描述					
回路描述					
电路图和电气识读	正确次数			错误次数	
识读情况	使用错误记录				
注意事项					

十、电气系统常见故障的诊断与排除

（一）照明系统故障

1. 大灯不亮

（1）故障现象：打开大灯开关，大灯一边不亮或两边都不亮。

（2）故障原因：灯泡烧损、灯保险烧损、照明灯开关失效或线路断路。

（3）故障检测步骤见图 2-4-29。

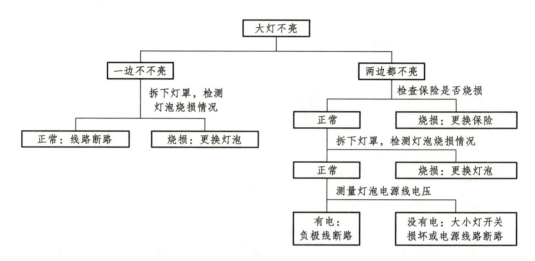

图 2-4-29　大灯不亮故障检测步骤

2. 小灯不亮

（1）故障现象：打开小灯开关，小灯一边不亮或两边都不亮。

（2）故障原因：灯泡烧损、灯保险烧损、灯开关失效或线路断路。

（3）故障检测步骤见图 2-4-30。

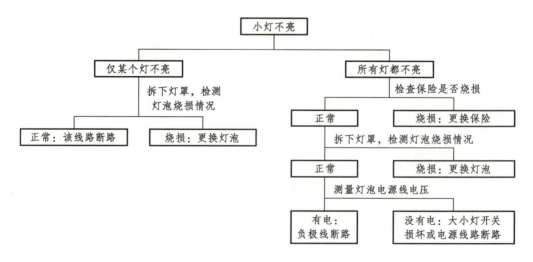

图 2-4-30　小灯不亮故障检测步骤

3. 倒车灯不亮

（1）故障现象：挂倒挡，倒车灯不亮。

（2）故障原因：倒车灯开关失效、倒车灯泡烧损、倒车灯保险烧损或线路断路。

（3）故障检测步骤见图 2-4-31。

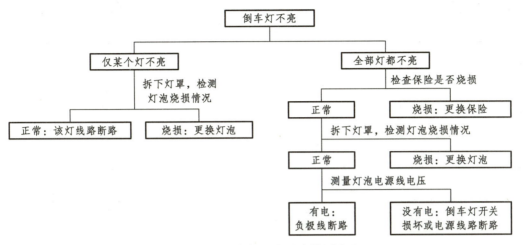

图 2-4-31　倒车灯不亮故障检测步骤

（二）起动系统故障

1. 起动电机完全没有动作

（1）故障现象：起动时，起动电机完全没有动作。

（2）故障分析：起动电机损坏或没有电，这两个因素导致起动电机完全不工作，检测时需从这两方面入手检查。

（3）故障原因：

① 电磁开关线圈断路。

② 励磁绕组烧损断路。

③ 换向器表面烧损严重。

④ 炭刷磨损严重、卡滞、断路。

⑤ 起动继电器失效。

⑥ 空挡开关失效，起动电路不导通。

⑦ 电锁损坏，起动挡触点接触不良。

⑧ 蓄电池亏电严重。

⑨ 起动电路断路。

（4）故障检测步骤见图 2-4-32。

2. 起动电机吸合，但不运转或运转无力

（1）故障现象：起动时，起动电机磁力开关有吸合动作，但不运转或运转无力。

（2）故障分析：主要原因是电量不足或起动电机性能下降。

（3）故障原因：

① 励磁绕组短路。

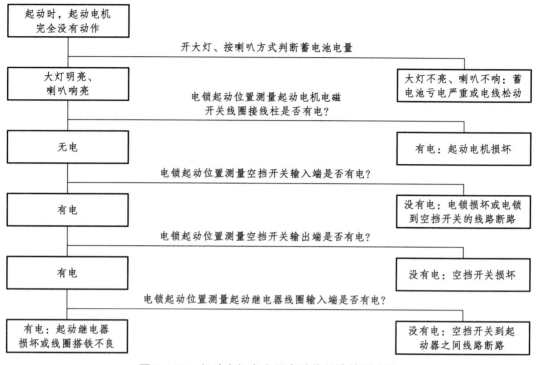

图 2-4-32　起动电机完全没有动作故障检测步骤

② 电枢轴承磨损严重或损坏，转子和定子碰撞"扫镗"。

③ 换向器表面烧蚀或铜锈，导电性能下降。

④ 炭刷磨损严重或卡滞。

⑤ 电磁开关触点烧蚀，接触面减小。

⑥ 蓄电池亏电严重。

⑦ 蓄电池电缆固定螺栓松动。

⑧ 车架搭铁线固定螺栓松动或接触表面锈蚀。

（3）故障检测步骤见图 2-4-33。

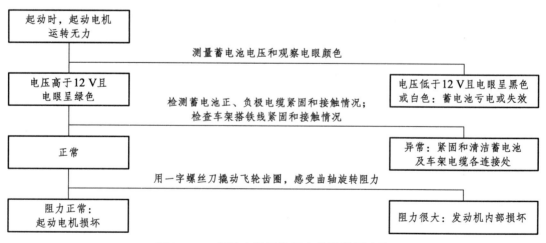

图 2-4-33　起动电机运转无力故障检测步骤

3. 起动电机空转

（1）故障现象：起动时，起动电机空转且高速旋转，但发动机没有反应。

（2）故障原因：起动电机驱动齿轮的单向离合器失效。

4. 起动时打齿

（1）故障现象：起动时，发出明显的打齿声。

（2）故障原因：

① 起动电机磁力开关吸拉线圈断开，起动啮合前没有旋转动作。

② 飞轮齿圈和驱动齿轮磨损严重。

（三）充电系统故障（蓄电池不充电）

（1）故障现象：蓄电池电量仅能用几天，亏电后，叉车无法起动。

（2）故障原因：

① 发动机驱动皮带过松或断裂。

② 发电机转子卡滞。

③ 发电机线圈烧损。

④ 发电机整流二极管烧损。

⑤ 电压调节器烧损。

⑥ 发电机输出电线保险烧损。

⑦ 线路断路。

（3）故障检测步骤见图2-4-34。

图 2-4-34　蓄电池不充电故障检测步骤

（四）信号系统故障

1. 刹车灯不亮

（1）故障现象：踩下刹车踏板，刹车灯一边不亮或两边都不亮。

（2）故障原因：灯泡烧损、灯保险烧损、刹车灯开关失效或线路断路。

（3）故障检测步骤见图2-4-35。

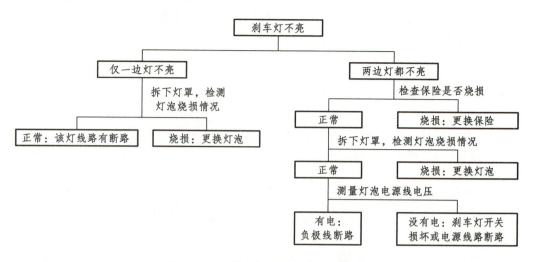

图 2-4-35　刹车灯不亮故障检测步骤

2. 刹车灯常亮

（1）故障现象：没有踩下刹车踏板，刹车灯常亮，关电锁后也一直亮着。

（2）故障原因：

① 刹车灯开关失效，触点处于常闭合位置。

② 刹车灯开关调整不当，处于常闭合位置。

③ 制动踏板回位弹簧断裂。

（3）故障检测步骤：先检查制动踏板回位弹簧是否断裂，如正常，调整开关行程，如调整无效，则为开关损坏。

3. 倒车蜂鸣器不响

（1）故障现象：挂倒挡，倒车蜂鸣器不响。

（2）故障原因：倒车灯开关失效、倒车蜂鸣器烧损、倒车灯保险烧损或线路断路。

（3）故障检测步骤见图2-4-36。

图 2-4-36　倒车蜂鸣器不响故障检测步骤

（五）仪表系统故障

1. 水温表指针不动

（1）故障现象：发动机运转一段时间，水温高于 40 ℃ 时，水温表指针仍停留在原点（水温最低处）不动。

（2）故障原因：

① 水温传感器损坏。

② 水温表损坏。

③ 水温表到传感器的线路断路。

（3）故障检测步骤：打开电锁，将水温传感器接线柱拆下后搭铁，如果表针偏转并到水温最高处，说明传感器损坏；如果表针仍不动，关闭电锁，拆下仪表的接线插头，测量水温传感器到仪表的接线导通情况，如果接线不导通，则是接线存在断路，如果导通正常，则是水温表损坏。

2. 燃油表指针不动

（1）故障现象：柴油箱燃油用完或是加满，燃油表指针仍停留在某处不动。

（2）故障原因：

① 燃油传感器卡滞在某个位置不动。

② 燃油表损坏，指针卡滞。

③ 燃油传感器到仪表的线路断路。

（3）故障检测步骤：打开电锁，将燃油传感器上的接线拔出或拔出后搭铁，如果表针在接线拔出后表针偏移到最大值、搭铁后表针偏移到最小值，说明是燃油传感器损坏；如果表针仍不动，关闭电锁，拆下仪表的接线插头，测量传感器到仪表的接线导通情况，如果接线不导通，则是接线存在断路，如果导通正常，则是燃油表损坏。

3. 计时器不工作

（1）故障现象：叉车工作一段时间，但仪表计时器上的工作时间没有变化，并且发动机起动工作后，计时器的漏斗图标不闪烁。

（2）故障原因：

① 仪表计时器损坏。

② 发电机损坏。

③ 发电机和计时器接线有搭铁短路。

（3）故障检测步骤：打开电锁，拆掉发电机 D+线柱上的接线，如果计时器的漏斗图标闪烁，说明发电机有故障；如果计时器的漏斗图标仍不闪烁，关闭电锁，拆下仪表的接线插头，测量发电机到仪表的接线是否短路，如果接线没有短路，则是计时器损坏。

学习任务五　工作装置维修

【学习目标】

1. 掌握叉车工作装置各零部件的结构名称和工作原理；

2. 掌握叉车工作装置的安全操作规范和注意事项；

3. 能独立进行叉车属具（货叉、货叉架总成）与门架总成拆解、清理和装配；
4. 能进行简单的叉车工作装置常见故障辨识、诊断和排除工作。

【建议课时】

6 课时。

【学习过程】

在学习叉车工作装置时，对其进行拆解、清洗和装配，一定要做到正确规范，避免敲击，且扭力必须准确。在实训操作学习中，拆解时需要掌握拆解过程中每个零部件的名称和位置外，还要做好零部件的清洁和保护；在清洗中，需要做好部件的摆放工作，并避免有杂物进入零部件内部；在装配中，一方面要充分利用专用工具，避免装配时零件损伤，另外在整车启动前，必须充分检查管路连接是否正确、液压油是否有不足或泄漏，在确保周围没有人或杂物，并在现场老师同意的情况下方可启动；液压拆装场所，有液压油泄漏情况，应及时进行清理和保洁，且行走时需注意安全。

【特别提醒】

在拆装油管时，一定要保证液压油泄压，并佩戴好防护眼镜，避免油液喷溅到眼睛，造成重大安全事故；在叉车门架拆卸时，必须有老师同意并在场。

一、叉车工作装置

平衡重式叉车工作装置通常是指位于叉车_____面，由_____推动，可带着货叉_____和_____的全套装置，俗称门架系统。可以说叉车的门架系统是区别于其他工程车辆的主要_____机构。

叉车工作装置系统主要由_____、_____、_____、_____和_____等组成，如图 2-5-1 所示。

工作装置

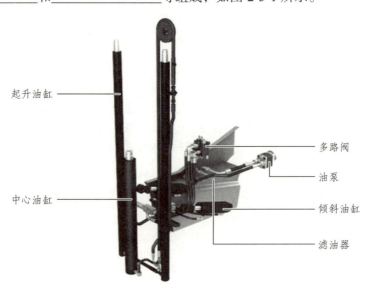

图 2-5-1　叉车工作装置系统

1. 认识门架

门架主要由外门架、内门架、货叉架、货叉、起重链条、升降油缸和倾斜油缸等组成，如图 2-5-2 所示。

内门架

轮架总成

挡货架

货叉总成

螺栓

货叉架

滚轮

负荷滚轮

链条

外门架总成

中门架总成

链条总成

图 2-5-2　叉车门架结构

门架的工作原理是将起升链条一端固定在升降油缸筒或车桥铰接的外门架上，另一端为活动端，与可上下运动的货叉架固定，在工作中，当升降油缸顶起装有链轮的横梁时，链条的活动端带着安有货叉的货叉架同时上升，并且起升速度是油缸活塞杆升速的两倍。而当油缸回油，则依靠_____、_____及_____的重量，货叉架自行下落。

2. 认识起升油缸

起升油缸主要由_____、_____、_____、_____和_____等组成，如图 2-5-3 所示。

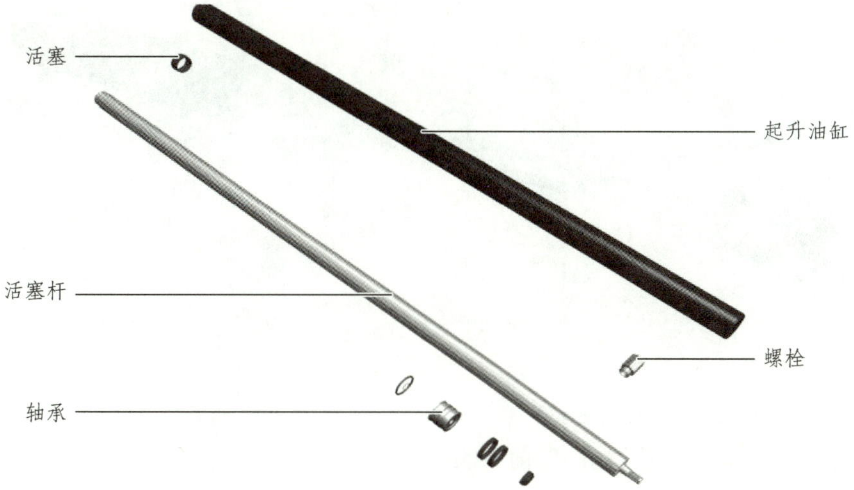

活塞

起升油缸

活塞杆

螺栓

轴承

图 2-5-3　叉车起升油缸的结构

起升油缸是单杆单作用活塞式液压油缸，主要通过液压油的_____将_____
_____顶起，通过顶起的活塞杆顶起装有链轮的横梁，达到控制门架起升的作用；然后通过门架和货物的_____来达到控制门架下降的效果，如图 2-5-4 所示。

1—起升油缸；2—油箱；3—多路阀操纵总成；4—油泵；5—回油管。

图 2-5-4　叉车起升油缸的工作原理

3. 认识倾斜油缸

倾斜油缸主要由_____、_____、_____、_____
和_____等组成，如图 2-5-5 所示。

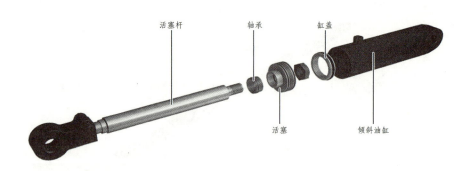

图 2-5-5　叉车倾斜油缸的结构

倾斜油缸为单杆双作用活塞式液压油缸，主要是通过调整活塞杆的_____来调整门架的前后_____，达到控制门架前后倾斜的效果，如图 2-5-6 所示。

1—倾斜油缸；2—油箱；3—多路阀操纵总成；4—油泵；5—回油管。

图 2-5-6　叉车倾斜油缸的工作原理

4. 认识多路阀

多路阀主要由阀座、活塞、弹簧、O 形圈、_____、

_____、_____、_____、和_____

等组成，如图 2-5-7 所示。

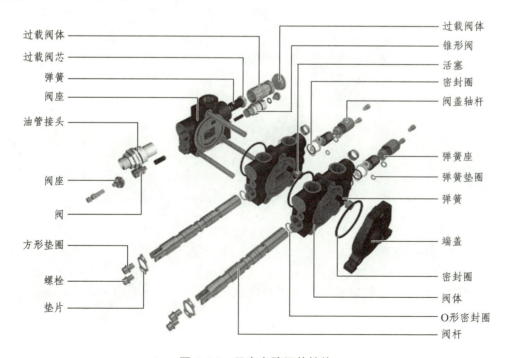

图 2-5-7　叉车多路阀的结构

3 t 叉车的多路换向阀由两个三位六通手动换向阀、一个安全（卸荷）阀、一个单向阀组成，如图 2-5-8 所示。其中，一个手动换向阀用来控制起升油缸工作；另一个手动换向阀用来控制倾斜油缸工作。安全阀是_____阀，兼起到_____作用，当起升质量超限或起升油缸到达极限位置，液压系统压力猛增而超过_____时，安全阀自动打开，部分油液溢流，沿管路回到_____，当起升和倾斜油缸不工作时，安全阀作_____用，使工作系统的液压力只有 196～294 kPa，油泵消耗动力很少。

图 2-5-8　叉车多路阀的组成

5. 认识液压泵

　　叉车液压油泵通常采用的是外啮合齿轮泵，主要由主动齿轮、从动齿轮、侧板、壳体和密封圈等组成，如图 2-5-9 所示。

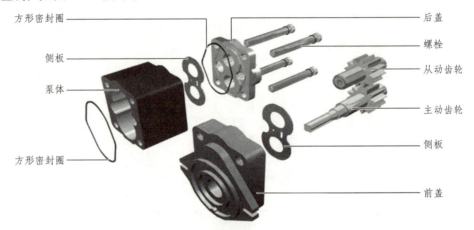

图 2-5-9　叉车液压泵的结构

　　作用：_____带动从动齿轮旋转时，进油腔容积由于轮齿脱离啮合而_____，腔内形成一定的_____，机油从进油口吸入；旋转的齿轮将齿间的_____带到出油腔，出油腔容积由于轮齿进入啮合而_____，油压_____，_____经出油口压出，如图 2-5-10 所示。

图 2-5-10　叉车液压泵的工作原理

二、叉车工作装置的安全注意事项

（1）门架不得有变形和焊缝脱焊现象，内外门架的滚动间隙应调整合理，不得大于 1.5 mm；滚轮转动应灵活，滚轮及轴应无裂纹、缺陷。轮槽磨损量不得大于原尺寸的 10%。

（2）两根起重链条张紧度应均匀，不得扭曲变形，货架端部连接牢靠，链条的节距不得超出原长度的 4%，否则应更换链条。链轮转动应灵活。

（3）货叉架不得有严重变形、焊缝脱焊现象。货叉表面不得有裂纹、焊缝开焊现象。货叉根角不得大于 93°，厚度不得低于原尺寸的 90%。左、右货叉尖的高度差不得超过货叉水平段长度的 3%。货叉定位应可靠，货叉挂钩的支承面、定位面不得有明显缺陷，货叉与货叉架的配合间隙不应过大，且移动平顺。

（4）起升油缸与门架连接部位应牢靠，倾斜油缸与门架、车架的铰接应牢靠、灵活，配合间隙不得过大。油缸应密封良好，无裂纹，工作平稳。在额定载荷下，10 min 门架自沉货架量不大于 20 mm，倾角不大于 0.5°。满载时，起升速度不应低于标准值的一半。

（5）护顶架、挡货架必须齐全有效。

（6）液压系统管路接头牢靠、无渗漏，与其他机件不磨碰，橡胶软管不得有老化、变质现象。

（7）液压系统中的传动部件在额定载荷、货架额定速度范围内不应出现爬行、停滞和明显的冲动现象。

（8）多路换向阀壳体无裂纹、渗漏，工作性能应良好、可靠，安全阀动作灵敏，在超载 25%时应能全开。调整螺栓的螺帽应齐全紧固。操作手柄定位准确、可靠，不得因振动而变位。

（9）载荷曲线、液压系统铭牌应齐全清晰。

（10）拆装门架液压油管和管接头时，应做到力矩规范，牢固避振，软管应无急弯或扭曲，不得与其他油管或物件相碰和摩擦，密封可靠，无渗漏。

（11）门架油路拆卸前，必须先关闭发动机，并通过重复操作所有工作装置操纵杆进行卸压，防止高压油喷出。

（12）拆卸油管时，先拧松油管接头，停顿 2~3 s 后再拆卸，防止系统内残余压力使液压油飞溅出来。

（13）油管和管接头拆卸下来后，应封堵油缸各进出油口，避免灰尘、杂物等进入液压件内部。

（14）叉车工作装置及其油缸质量较大，拆装时应注意保护好自己，避免油缸跌落伤到自己，也要避免其被磕碰。

（15）工作装置维修作业时必须穿戴劳保用品，包括护目镜、手套和防滑劳保鞋等。

三、叉车属具的拆装

（一）叉车属具的种类和特点

叉车属具的拆装

国家经济高速平稳运行，带动了整个物流业向着多元化发展，因此，对相应的物流设备提出了更高的要求。叉车属具作为叉车的一部分，是物流行业重要的组成部分，其在设计和制造方面也朝着专业化和高效化的方向发展。不同领域对应有不同种类的物流设备，在国内外市场，众多不同品牌的叉车配用不同品牌、不同种类的属具，叉车及其属具的结构参数又完全不同，两者如何进行匹配至关重要。属具通常安装在叉车货叉架上（也有部分属具直接安装在叉车货叉上）。叉车货叉架和属具相配合的部分应该有一个通用的标准来约束，才能保证两者合二为一。目前，对于 10 t 以下的叉车，各叉车制造商和属具制造商都等效采用国际标准 ISO 2328—2011《叉车挂钩型货叉和货叉架的安装尺寸》进行产品设计和制造。10 t 以上的叉车大多数采用销式安装形式与属具相连接。

1. 叉车属具简介

与传统意义上使用叉车货叉叉取货物托盘进行搬运和堆垛相比，专用的属具应用能够大大提高叉车的使用效率，降低运营成本。专用的叉车属具可实现对货物的夹抱、旋转（顺/逆时针）、侧移、推/拉、翻转（向前/向后）、分开/靠拢（调整货叉间距）、伸缩等功能，这是普通叉车货叉无法完成的动作。叉车专用属具的应用体现出的意义可以概括为以下几点：

（1）生产效率高，运行成本低。

机械化搬运比传统的人力搬运作业时间短，同时降低了劳动力的支出和成本，提高了工作效率。在同一个搬运循环中，叉车的动作次数明显降低，叉车相应的轮胎、传动齿轮、油量消耗等相应降低，运行成本也相应减小。

（2）操作安全可靠，降低了事故率。

由专业叉车属具制造商设计和生产的针对不同行业工况的属具均设计有安全装置，在异常情况时所夹（或叉）的货物不易滑落，如夹类属具的保压装置（承载货物时，油管爆裂，液压系统保持压力，货物不会滑落）、侧移类属具的末端缓冲装置等，降低了事故率。

（3）货物损耗小。

借助于属具特有的夹持、侧移、旋转等功能，货物可以更安全地被运送、堆高、装卸，进而将货物损耗程度降到最低。属具的使用同时也降低了托盘的使用频率（如无托盘搬运作业），其相应的采购和维修成本也得到减小。

2. 叉车属具主要产品

（1）侧移叉：用于将带托盘的货物左右移动对位，便于货物的准确叉取和堆垛；提高了叉车的工作效率，延长了叉车的使用寿命，减轻了操作人员的劳动强度，节省了仓库空间，提高了仓库的利用率。

安装等级：ISO 2/3/4 级。

安装形式：外挂式、整体式。

承载能力：2 500 ~ 8 000 kg。

功能描述：（左右）侧移。

（2）调距叉：通过液压调整货叉间距，实现搬运不同规格托盘的货物；无须操作人员手动调整货叉间距，减轻了操作人员的劳动强度。

安装等级：ISO 2/3/4 级。

安装形式：挂装式、整体式（均使用原叉车货叉型号、带货叉型）。

承载能力：1 500～8 000 kg。

功能描述：调节货叉间距。

（3）前移叉：叉取较远的托盘或货物，如从车厢的一个车厢侧面快速、简便地进行装货和卸货。前移叉通常与调距叉配装在一起使用，效率更高。

安装等级：ISO 2/3 级。

安装形式：挂装式。

承载能力：2 000 kg。

功能描述：实现托盘前后移动，叉取远端货物。

（4）纸卷夹：用于纸卷、塑料薄膜卷、水泥管、钢管等圆柱状货物的搬运，实现货物的快速无破损装卸和堆垛。

安装等级：ISO 2/3/4 级。

安装形式：挂装式。

承载能力：1 200～1 500 kg（滑臂式）。

功能描述：夹抱、旋转、侧移。

（5）软包夹：用于棉纺化纤包、羊毛包、纸浆包、废纸包、泡沫塑料软包等的无托盘货物搬运。

安装等级：ISO 2/3/4 级。

安装形式：挂装式。

承载能力：1 400～5 300 kg。

功能描述：夹抱、旋转、侧移。

（6）多用平（大面）夹：实现对纸箱、木箱、金属箱等箱状货物（家电如电冰箱、洗衣机、电视机等）的无托盘化搬运，节省了托盘的采购和维护费用，降低了成本。

安装等级：ISO 2/3 级。

安装形式：挂装式。

承载能力：700～2 000 kg。

功能描述：夹抱、侧移。

（7）烟包夹：用于烟草行业的烟箱搬运，尤其适合于复烤烟叶箱的无托盘化搬运，一次搬运 1 个、2 个或多个烟叶箱。

安装等级：ISO 2/3 级。

安装形式：挂装式。

承载能力：800～2 000 kg。

功能描述：夹抱、旋转、侧移。

（8）（倒）桶夹：用于 1～4 个化工、食品行业中 55 gal 标准油桶的无托盘搬运和倾倒，也可制作特殊桶用的专用桶夹（如微型桶夹、垃圾桶夹）。

安装等级：ISO 2/3 级。

安装形式：挂装式。

承载能力：700～1 250 kg。

功能描述：夹抱、（向前）旋转、侧移。

（9）叉夹：既可用于叉托盘货物，又可用于夹取货物，也可作调距叉使用，如在货叉上装上可拆卸夹臂，可夹持油桶、石（砖）块等多种货物。

安装等级：ISO 2/3/4级。

安装形式：挂装式。

承载能力：1 500～8 000 kg（叉取）；700～4 800 kg（夹取）。

功能描述：夹抱、（向前）旋转、侧移。

（10）推拉器：用于对单元货物的无托盘化搬运和堆垛作业，在食品、轻工电子行业应用广泛。滑板可以采用纸质滑板、塑料滑板、纤维滑板，省去购买、存放、维修托盘等费用。

安装等级：ISO 2/3级。

安装形式：挂装式、快装式（直接安装在叉车货叉上）。

承载能力：1 700～2 400 kg。

功能描述：将货物拉进和（或）推出滑板。

（11）旋转器：可360°旋转，用于翻转货物和倒空容器，将货物翻倒或将竖着的货物水平放置；可与其他属具连用，使属具有旋转功能；还可提供专用于浇铸、渔业和防爆型产品。

安装等级：ISO 2/3/4级。

安装形式：挂装式。

承载能力：2 000～3 600 kg。

功能描述：旋转、侧移。

（12）二用叉夹：货叉可以旋转成水平和垂直两个位置，既可用来叉取货物，又可用来夹取货物，还可以旋转成45°用斜面来叉桶类和圆柱状货物。

安装等级：ISO 2/3级。

安装形式：挂装式。

承载能力：2 000～3 600 kg（叉取），1 250～2 500 kg（夹取）。

功能描述：（货叉）旋转、侧移。

（二）属具选型时需要考虑的因素

如何选择一款适合于自己企业工作环境状况的叉车属具，通常是将属具使用的实际工况和要求提供给叉车主机厂或其销售代理商或属具公司，然后根据其建议进行属具的选型。其主要考虑的因素如下：

（1）货物的＿＿＿＿＿＿＿＿：如纸卷、软包、桶类、家电、管、托盘等项目。

（2）货物的＿＿＿＿＿＿＿＿：货物质量（含托盘），长度（沿行驶方向），宽度、直径、高度。

（3）货物的＿＿＿＿＿＿＿＿：外表面、接触面（外包装）。

（4）货物的＿＿＿＿＿＿＿＿：如长距离运输，厂内短距离配送。托盘运输：货物托盘的尺寸、托盘插孔高度。无托盘运输：货物堆间距、货物件数。

（5）货物的_____：具体搬运信息和实际环境，如客户将怎样搬运这些货物，推、夹持、旋转（水平于行驶方向）、侧倾（水平于行驶方向）、侧向移动、侧倾（沿行驶方向）、汽车后部上货、车侧面上货。

（6）客户的_____：如目前客户的基本状况？是安装在现有叉车还是要采购新车？目前为止客户如何解决搬运问题？他们想如何改善？他们有何设想？

（7）生产中的实际限制：_____、_____、_____、_____或者其他。

（8）属具的应用领域：冶炼厂、工地、仓库、特殊场合等。

（9）属具的工作环境：易爆区域、粉尘、高温、_____、_____、_____、_____、_____、_____、_____、_____等。

（10）采购或现有叉车的基本情况：叉车型号、门架形式、所选属具的类型、动作功能，根据属具类型和功能确定叉车附加油路数量。

① 一组动作功能的属具，叉车需提供单附加油路（如侧移器的左右横向移动）。

② 二组动作功能的属具，叉车需提供双附加油路（如纸卷夹的张臂、夹紧、旋转）。

③ 三组动作功能的属具，叉车需提供双附加油路并加装一个电磁阀装置（如旋转侧移式软包夹的张开、夹紧、侧移、旋转）。

（11）属具的安装费用（人工费、液压系统改装费、选购件的费用等）。

四、叉车属具的拆装

（一）叉车属具拆装（以货叉为例）

1. 工具准备

鲤鱼钳、内六角扳手、一字螺丝刀、开口扳手。

2. 注意事项

在未经授权改动以及不正确安装、违章操作、缺乏正常维护保养，或未经授权维修、使用非叉车属具制造商提供的配件，所引起的直接或间接损失（设备和人员等）及属具损坏的，不属于属具产品的质量保证范围。

3. 货叉属具拆卸操作步骤

（1）将叉车开到需拆卸货叉的较平整场地，拉起手制动。

（2）门架操作垂直后，将货叉架落至离地_____mm。

（3）将货叉提销拉起并旋转180°，处于脱离货叉架_____后，先将一个货叉推移至货叉架中部，使货叉下挂钩对准_____。

（4）一个人从货叉头部抬起货叉，使货叉下挂钩完全离开货叉架，另一个人用脚推动货叉移动离_____约 30 mm 后，放下货叉。

（5）用同样的方法移动另外一个货叉。

（6）操纵货叉架下落并适当前倾，当落到货叉上挂钩完全脱离货叉架后，叉车后退离开，此时货叉完全卸下来。

4. 总成保养与易损件更换

（1）擦拭货叉，并检查货叉是否有_____或_____。

（2）检查货叉顶扣是否正常并上油。

5. 货叉属具装配与调试操作步骤

（1）将需安装的两个货叉水平整齐地放在平整地面上，提起货叉销，并且货叉离地距离大于约 20 mm。

（2）启动叉车，将叉车开到货叉前，落下货叉架，当货叉架上部低于货叉上挂钩时，叉车继续前开，使货架上部完全进入货叉上挂钩，挂空挡后拉上手刹，然后升起货叉架，使货叉架离地面约 20 cm，门架操纵至垂直地面。

（3）先将一个货叉移至货叉架一侧，待下挂钩完全进入凹口后，推移到所需位置，并放下锁销，另外一个货叉也按同样的方法操作。

（4）启动叉车，将叉车开到货叉前，落下货叉架，当货叉架上部低于货叉上挂钩时，叉车继续前行，使货架上部完全进入货叉上挂钩，挂空挡后拉上手制动，然后升起货叉架，使货叉架离地面约 20 cm，门架操纵至垂直地面。

（5）将一个货叉移至货叉架另一侧，待下挂钩完全进入凹口后，推移到所需位置，并放下锁销，另外一个货叉也按同样的方法操作。

（二）货叉架总成装配与调试操作步骤

1. 货叉架总成装配

（1）用一字螺丝刀将货叉架上侧滚轮调整螺栓锁片松开后，再用内六角扳手逆时针旋转调整螺栓旋松约 2 圈。

（2）启动叉车，将叉车前行至货叉架前，与内门架起升超过货叉架高度时，继续前行至内门架滚轮槽对准货叉架的主滚轮，然后缓慢落下门架，完全到底后前倾门架。

（3）将两边链条穿过链轮后，挂上螺栓并穿销。

2. 货叉架总成调试

（1）调整链条长度：叉车在_____状态下，门架处于与地面垂直状态，完全放下货叉架，此时货叉下平面离地间隙为 5 ~ 10 mm；用手指按压链条，两链条的_____相等，如有差异时，松开固定在外门架链条_____进行调整。

（2）侧滚轮间隙调整：用撬棍移动货叉架，使货叉架在门架上处于_____的位置，用内六角扳手将 4 个侧滚轮的调整螺栓拧到碰到内门架，然后每个侧滚轮的调整螺钉退松 1/8 圈，这时货叉架和内门架的间隙约为_____mm，调整好后，把门架起升到顶，下落时听是否发出卡滞的异响声，如没有，锁好锁片；如下落到某处发出卡滞异响声，则在该部位重新调整。

（三）货叉属具和货叉架总成拆装

货叉属具和货叉架总成拆装见表 2-5-1。

表 2-5-1　货叉属具和货叉架总成拆装

实训项目		货叉属具和货叉架总成拆装	
任务：将货叉属具和货叉架总成从整车上拆卸下来并进行保养和更换易损件，将货叉属具和货叉架总成装回车内并调试，并对货叉属具和货叉架总成进行保养			
工作内容和步骤			注意事项
货叉属具拆装	工具准备	需要使用的工具：	
	货叉属具拆卸	货叉属具拆卸步骤：	
	货叉属具保养与易损件更换	需要保养和更换的零件：	
	货叉属具装配	货叉属具装配步骤：	
货叉架总成拆装	货叉架总成拆解	货叉架总成件拆解步骤：	
	货叉架总成保养与易损件更换	保养与易损件更换：	
	货叉架总成安装与调试	货叉架总成安装与调试步骤：	

五、门架总成拆解和装配

门架总成拆解和装配

（一）认识叉车门架

根据叉取货物起升高度的要求，叉车门架可做成两级或多级，普通叉车多采用_____门架。常见的叉车门架有三节全自由门架、两节全自由门架、两节标准门架。其中，全自由门架因其可进货柜工作，通常称之为进货柜门架。

CPC30 型标准叉车采用两级门架，由内门架和外门架组成。悬挂在叉架上的货叉和叉架一起借助于叉架滚轮沿内门架上下移动，带动货物起升或下降。其内门架靠起升油缸驱动升降，并由滚轮导向。门架后方的两侧设有_____油缸，可使门架前倾或后仰（门架最大前倾角 3°～6°，后仰角为 10°～13°），以便于叉取和堆放货物。

货叉起升而内门架不动时，货叉所能起升的最大高度叫作_____高度。一般自由提升高度为_____mm 左右。当货叉架起升到内门架顶部后，内门架才与货叉架同时起升的门架，称为_____门架。10 t 以上的叉车链轮大多直接固定在内门架顶部，起升油缸一开始就顶举门架，所以不能自由提升。自由提升的叉车可进入比它稍高的门洞。_____的叉车用在低矮的场所，不会因为内门架顶到屋顶而造成货叉不能升到规定高度，所以它还适合在船舱、集装箱内作业。为使司机具有较好的视野，起升油缸改用两个并布置在门架两侧者，称为_____门架。这种门架逐渐代替了普通门架。

（二）门架的组成和作用

叉车门架包括外门架、内门架、货叉、货叉架及安装在货叉架上的侧向滚轮、纵向滚轮和含油滚轮。横向滚轮位于内门架的外侧，左、右侧各_____个，共_____个，其圆柱面与内门架的外翼板纵向外侧面接触。

纵向滚轮也位于内门架两侧，每侧_____个，共_____个，其圆柱面与内门架的里翼板、外翼板的横向内侧面接触。横向滚轮和纵向滚轮的圆柱面在空间互相垂直。这种新型叉车门架的优点在于结构科学合理，改变了门架的受力状况，减轻了门架的变形，提高了叉车的_____和_____。

外门架下端铰接在车架上，中部与倾斜油缸铰接。由于倾斜油缸的伸缩，门架可前后倾斜（倾斜度一般为 6°～12°），使货叉叉货和搬运过程时货物稳定。

内门架带有滚轮，嵌在外门架中，内门架上升时可以部分伸出外门架。货叉架带有滚轮，嵌在内门架中，可以上下运动。起升油缸的底部固定在外门架下部，油缸的活塞杆沿内门架上的导程杆上下移动。活塞杆的顶部装有链轮，起升链条一端固定在外门架上，另一端绕过链轮与_____相连。当活塞杆顶部带着链轮起升时，链条将货叉和货叉架一起提升起来。开始提升时仅货叉起升，直至活塞杆顶到内门架以后才能带动内门架上升，内门架的上升速度为货叉的 1/2。

（三）门架总成拆解和装配

1. 工具准备

鲤鱼钳、内六角扳手、一字螺丝刀、开口扳手。

2. 注意事项

（1）门架拆装具有危险性，要求必须有拆装经验的老师在场才允许拆装。

（2）操作行车的同学必须有行车操作证。

3. 门架总成拆解

（1）将起升油缸进油管和限速阀拆除。

（2）将起升油缸固定夹箍拆除。

（3）将起升油缸底座、活塞杆和固定螺栓拆除。

（4）用长撬棍撬移内门架约 1 m，将两边起升油缸抬出。

（5）反向移动内门架，使内门架的主滚轮完全移出内门架滚轮槽。

（6）用卡簧钳将内主滚轮轴上的卡簧拆除，将侧滚轮取出。

（7）用拉拔器将主滚轮拉出。

（8）依次将其他 3 个滚轮取下。

（9）将内外门架间的滑块和调整调片取下。

（10）用行车将内门架从外门架中吊离。

4. 总成保养与易损件更换

（1）擦拭门架，并检查门架是否有裂纹或变形。

（2）检查门架轨道、滑轮等是否有损伤。

5. 门架总成装配与调试

（1）将内门架用行车吊装入外门架中，并将门架移到中部位置。

（2）将内外门架的主滚轮、侧滚装上。

（3）将滑块放好，然后撬动内门架，使滚轮完全进入外门架的滚轮槽内，内门架分别升降到最低、中间、最高 3 个位置，在这 3 个位置用塞尺测量外门架主滚轮和内门架之间的间隙，此时 3 个数值的最小值加上约_____m，即是调整垫的厚度；该间隙在_____mm，如超过_____mm，则需进行调整。

（4）装入侧滚轮调整螺栓，把侧滚轮调整螺栓锁片用_____拨开，旋转侧滚轮调整螺丝，顺时针旋转，间隙变小，逆时针旋转，间隙变大。调整前，先把左右两边 4 个侧滚轮完全退出，用撬棍撬动左右内门架，使内门架在外门架处位于正中间位置。

（5）调整时，先把调整螺栓拧到碰到内或外门架，4 个滚轮均是如此，确认货叉架居中位置后，每个侧滚轮的调整螺钉退_____圈，这时内门架和外门架的间隙约为_____mm，调整好后，把门架起升到顶，下落时听是否发出卡滞的异响声，如没有，锁好锁片；如下落到某处发出卡滞异响声，则在该部位重新调整。

（6）将两边链条穿过链轮后，挂上螺栓并穿销。

（四）门架总成拆装

门架总成拆装见表 2-5-2。

表 2-5-2　门架总成拆装

实训项目		门架总成拆装	
任务：将门架总成从整车上拆卸下来并进行保养和更换易损件，将门架总成装回车内并调试，并对门架总成进行保养			
		工作内容和步骤	注意事项
门架 总成拆装	工具准备	需要使用的工具：	
	门架总成拆卸	门架总成拆卸步骤：	
	门架总成保养与 易损件更换	需要保养和更换的零件：	
	门架总成 安装与调试	门架总成安装与调试步骤：	

六、工作装置常见故障的诊断与排除

叉车在交通、物流以及外贸行业中应用广泛，可以有效提升商品的流动率，可以有效降低人工成本。但是在叉车的运行过程中，因为车体

工作装置常见故障的
诊断与排除

碰撞会导致门架磨损等相关问题，直接影响了叉车的安全性。对此在检验中必须重视叉车门架故障问题，加强技术检验，对叉车门架进行维护，进而保障其有效性。

（一）油缸故障问题

1. 升降油缸漏油问题

油缸出现的主要问题是升降油缸回油管位置出现较为严重的漏油和自动下降等问题，主要是因为升降油缸和活塞杆之间存在一定的＿＿＿＿＿＿＿＿＿＿＿损坏。在对其进行解决的过程中，主要是通过更换＿＿＿＿＿＿的方式开展作业，在处理中必须加强对技术的重视，工作人员必须基于实际状况合理地应用方法与技巧，可制作对应的活口硬铁皮固定环，通过油封套将其套住，然后通过钳子将其夹住，再送到油缸中，这样可以有效地解决相关问题，而制作的活口硬铁皮则可以多次、反复应用，可以节省资源。

2. 升降油缸活塞杆问题

升降油缸活塞杆在起升过程中如果出现一定的抖动问题，则意味着油箱中的液压油存在问题，致使液压泵压力不足。在对其进行检测的过程中，必须要了解在液压管路以及油缸活塞中是否存在＿＿＿＿＿＿＿，对此可以通过对液压油进行加压的方式进行分析，如果还是无法正常工作，必须对升降油缸的回油管进行放松，将油缸升到顶端之后再将其落到底部，反复操作就可以排出液压管路中存在的空气，这样就可以有效地解决此种问题。

3. 升降油缸落铲过快问题

如果升降油缸在落铲过程中存在下滑过快的问题，是由升降油缸限速阀门中的＿＿＿＿＿折断导致的，对此在实践中要及时更换限速阀中的弹簧，如果更换弹簧后还存在故障，可以更换限速阀。

4. 倾斜油缸活塞杆自动伸出

出现此种问题主要是因为活塞密封圈有一定的损耗以及＿＿＿＿＿＿，对此可以及时更换倾斜油缸活塞、导向套、密封圈和防尘圈，这样可以有效解决倾斜油缸活塞自动、抖动问题以及导向套外部出现漏油等问题。

5. 液压油问题

液压油中如果存在污染物以及＿＿＿＿＿＿＿＿＿破裂等问题，将导致叉车门架出现无升降以及缺乏导向的问题。要想有效地解决此种问题，必须及时更换全新的液压油以及过滤网。如果在更换之后还是存在问题，则必须及时清洗＿＿＿＿＿＿＿＿＿，这样才可以在根本上解决这种问题。

（二）方向盘不灵活

1. 方向盘转轮不灵活问题

如果在转动方向盘的时候其转向轮存在不灵活问题，主要是因为转向器的＿＿＿＿＿＿＿出现折断等，继而导致油缸出现内漏等。在对其进行检查的过程中，如果在原地转动方向，感觉其方向过轻，则意味着其定位簧片出现问题，对此必须对其进行及时更换；如果转动方向盘的时候还是存在一定的力度，但是转向轮不灵活，同时可以向左和向右对其进行_____的旋转，就表明转向缸中的活塞油封出现了问题，进而导致其出现内漏等问题，此时只需要更换油封即可。

2. 升降问题

叉车应用过程中经常会出现无法升降同时无法转向的问题，如果来回转动方向盘就又可以解决升降以及方向的问题，这主要是因为_____不完善，液压泵进油管中出现了一些空气，或液压泵供油压力不够，分流阀出现堵塞等问题。如果液压油不完善，同时油箱中的液压油出现气泡，主要是因为液压泵软管中进入了一些_____，对此可以拧紧液压油软管或更换，这样就可以解决此种问题。反之，则意味着液压泵或分流阀存在一定的质量问题，可以基于实际状况，及时处理。

3. 原地打方向沉重，行驶无沉重感问题

如果叉车在原地打方向时出现方向沉重的问题，但是在行驶过程中却没有出现沉重的问题，主要是因为分流阀阀芯卡滞或压力不完善等，对此应对分流阀控制方向存在的压力进行及时调节。如果其效果较为显著，则可以对分流阀进行及时拆解，再通过水砂纸进行阀芯打磨，然后涂上一层液压油，保障其顺滑性，这样就可以避免出现卡滞等问题，进而保障其正常工作。

（三）叉车门架系统噪声以及抖动问题

1. 叉车门架系统噪声问题

叉车门架出现噪声主要就是_____导致的，噪声主要出现在传动系统、发动机以及液压系统等相关位置。例如，叉车门架的传统系统在一般状况之下其门架的链条、传动轴和变速箱等原件都会出现一定的振动，并且伴随着一定的噪声；同时，叉车门架的排气系统因为空气以及脉动进气声音的存在，也会出现一定的噪声。对此需要对噪声的声源进行控制，优化_____设计，在原设备基础之上安装另一个凸轮装备，进而解决叉车门架和门架立柱的缝隙问题，这样可以有效减少噪声问题；同时，在缓冲带处设置一个起升油缸，可以控制液压缸的起降速度，进而解决因为振动产成的噪声，保障叉车车架的平稳性。

2. 叉车门架抖动问题

叉车内外门架以及滑动钢板之间存在一定的缝隙，叉车门架都是通过伸缩结构构成的，一般状况下内门架的导轨为外门架，并且基于上下运动的轨迹伸缩，如果其内外门架的钢板_____过大，就会导致货叉在上升过程中出现门架不稳定的问题，出现了抖动现象。对此在实践中，要想有效地解决叉车门架的抖动问题，要对叉车门架变形以及焊缝等进行检测，保障其数值的合理性，同时保障轮槽磨损小于其原有尺寸的_____%，综合具体状况，及时检测维修叉车门架。加强对链条的检测，必须保障链条的松紧适宜，避免变形，保障链条节距低于其整体长度的4%，及时更换过长的链条，进而保障其灵活性。为了保障升降油缸以及门架连接位置的紧密性和灵活性，对存在问题的元件必须进行及时更换。加强对叉车门架油液性能的检测，如果存在较为严重的污染问题，必须通过科学的方式对其进行系统检测，保障油液性能。

（四）其他故障问题与解决方式

1. 升降活塞杆的问题

升降活塞杆存在较为显著的问题是＿＿＿＿＿＿＿＿＿＿不同步的问题，其主要表现就是左右升降活塞杆之间的尼龙导向套出现膨胀，对此要通过钢锯将尼龙导向套截断为 3 mm，保障其存在一定的开孔间隙，这样才可以保障膨胀数值，避免在应用中出现问题。

2. 叉车制动存在的拖滞问题

出现叉车制动拖滞的问题主要表现在抬起制动踏板之后，个别的甚至所有的齿轮制动无法及时有效地＿＿＿＿＿＿＿＿，直接影响了叉车的正常运行。对此在叉车工作一段时间之后，可以基于经验了解不同车轮的制动状况，如果车轮制动存在一定的发热问题，表明制动总泵中存在一定的故障；如果个别车轮出现了发热问题，表明车轮制动器存在一定的问题，这样就会给叉车门架的正常运行带来一定的影响。对此在检验中要对踏板的＿＿＿＿＿＿＿＿进行检测，如果其自由形式不合格，则要基于规定对其进行整合；如果其满足既定的要求，则可以将制动总泵的储油室盖子打开，了解总体回油的状态；如果其无法回油或者回油过慢，必须对其进行及时更换。

叉车维修工高级篇

【工作情境描述】

小明进入叉车维修公司做叉车维修工已经半年了，师傅给他定下的学徒目标：能独立进行叉车简单故障的诊断与排除。

学习任务一　发动机系统故障诊断、排除

【学习目标】

1. 掌握叉车动力系统的工作原理和组成。
2. 掌握叉车不能启动、水温过高、冒白烟和启动困难的故障诊断与排除。

【建议课时】

12 课时。

【学习过程】

复习叉车维修工中级篇中发动机的相关知识，并结合"发动机构造与拆装"课程和故障案例完成下列故障的诊断、排除作业。

一、认识叉车动力系统——发动机

发动机系统
故障诊断、排除

（一）发动机的动力传动

动力系统是指将发动机产生的动力，经过一系列的动力传递，最后传到车轮的整个机械布置过程。 发动机运转，实际上是曲轴在_____，曲轴的一端_____连接一个飞轮，此飞轮与离合器_____，来控制飞轮与变速器的_____，动力经过变速器的_____后，通过万向节和传动轴，将动力传到差速器，由差速器将动力_____分到两侧车轮的减速器，通过减速器的_____传到车轮。

传递顺序：曲轴→_____→_____→_____→_____
→_____→_____→_____→_____→车轮。

（二）发动机的工作原理

发动机主要通过以下 4 个行程产生动力：

1. 进气冲程

柴油机是在气缸内部形成_____，先把_____引进气缸，这一过程称为进气过程。

完成进气过程的结构保证：活塞被曲轴带动由_____移动，这个行程为进气行程，与此同时排气门_____，进气门_____。

2. 压缩冲程

随着曲轴的转动，活塞被带动由_____移动（这个行程称为压缩行程，与此同时，进、排气门均关闭）。在压缩行程接近终了时，气压达 3.5～5 MPa，温度达 500～700 ℃，由喷油器把来自喷油泵的_____喷入气缸。雾状柴油在很短的时间内与压缩后的_____混合，形成_____。由于压缩终了时缸内的温度比柴油的自燃温度高 300～400 ℃，柴油很快即完成燃烧前的物理化学准备而_____。

3. 做功冲程

在压缩终了时，喷油器将柴油喷入气缸，细小的油雾在高压、高温和高速气流作用下很快蒸发，与空气混合成可燃混合气，并在高温下自行着火迅速燃烧，使气缸内气体温度和压力急速上升，燃气的最高温度可以到达 1 700～2 000 ℃，最高压力达 8～10 MPa。燃烧过程进行的时间极其短暂，活塞被高压气体推动下行的过程中，曲轴被强制旋转_____，即进行_____的转换。这一活塞由_____移动的行程称为做功（或膨胀）行程。在此期间，两个气门均应_____。

4. 排气冲程

可燃混合气燃烧后变成废气，为了使发动机有进行下一循环的可能，必须把废气排出，进行所谓的排气过程。完成排气过程的结构保证：活塞被曲轴带动由_____移动（这个行程称为排气行程），与此同时，排气门_____，进气门_____。

二、动力系统的组成

动力系统主要由曲柄连杆机构、配气机构、燃油供给系统、冷却系统、润滑系统、起动系统、充电系统等系统组成。

（一）两大机构

1. 曲柄连杆机构

（1）作用。

曲柄连杆机构是发动机将_____的主要装置。在做功冲程，把燃料燃烧产生的热能转变为活塞往复运动的机械能，再转变为曲轴的旋转运动而对外输出_____；在其他冲程，又把曲轴的旋转运动转变为活塞的往复运动，为做功冲程做好准备。

（2）组成。

① 气缸体曲轴箱组：气缸体、曲轴箱、气缸套、气缸盖、气缸垫等。

② 活塞连杆组：活塞、活塞环、活塞销、连杆等。

③ 曲轴飞轮组：曲轴、飞轮等（见图 3-1-1）。

活塞在气缸中运动到_____时，活塞顶部和_____之间的空间形成了_____。当在做功冲程时，燃油在燃烧室燃烧产生的推力把活塞从_____推向_____运动，活塞带动

_____驱动_____旋转，曲轴带动_____运动并向外输送_____。在做功冲程结束后，飞轮储存的_____通过_____释放，继续带动曲轴运动，曲轴带动活塞连杆组往复运动，完成排气、进气、压缩等冲程后，又重复做功冲程，使发动机连续地工作，如图 3-1-2 所示。

图 3-1-1　叉车曲柄连杆机构

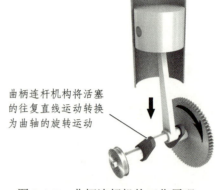

图 3-1-2　曲柄连杆机构工作原理

2. 配气机构

（1）作用。

按照柴油机各缸工作过程的需求，定时_____和_____进、排气门，以保证柴油机的_____。

（2）组成。

① 气门组：气门、气门座、气门导管、气门油封、气门弹簧、气门弹簧座、气门锁片等。

② 气门驱动组：正时齿轮、凸轮轴、挺杆、推杆、摇臂、摇臂轴、摇臂轴支架等，如图 3-1-3 所示。

图 3-1-3　叉车配气机构

（3）工作原理。

凸轮轴是通过曲轴＿＿＿＿＿＿＿带动旋转的。当凸轮的基圆部分与挺柱接触时，挺柱不升高，挺柱以上的传动件不动作，气门是＿＿＿＿＿＿＿的。当凸轮的凸起部分与挺柱＿＿＿＿＿＿＿时，便开始将挺柱顶起，挺柱＿＿＿＿＿＿＿推杆，推杆推动＿＿＿＿＿＿＿，气门调整螺钉带动摇臂摆动＿＿＿＿＿＿＿气门，于是气门＿＿＿＿＿＿＿，凸轮的＿＿＿＿＿＿＿与挺柱接触时，气门达到＿＿＿＿＿＿＿；凸轮轴继续转动，凸轮与挺柱接触表面的凸起开始逐渐＿＿＿＿＿＿＿，气门在＿＿＿＿＿＿＿的作用下开始上升＿＿＿＿＿＿＿，并反向推动摇臂等传动杆件，使挺柱＿＿＿＿＿＿保持与凸轮接触。当凸轮凸起部分离开挺柱时，气门完全＿＿＿＿＿＿＿。图 3-1-4 为叉车配气机构工作原理图，请写出各序号表示的名称。

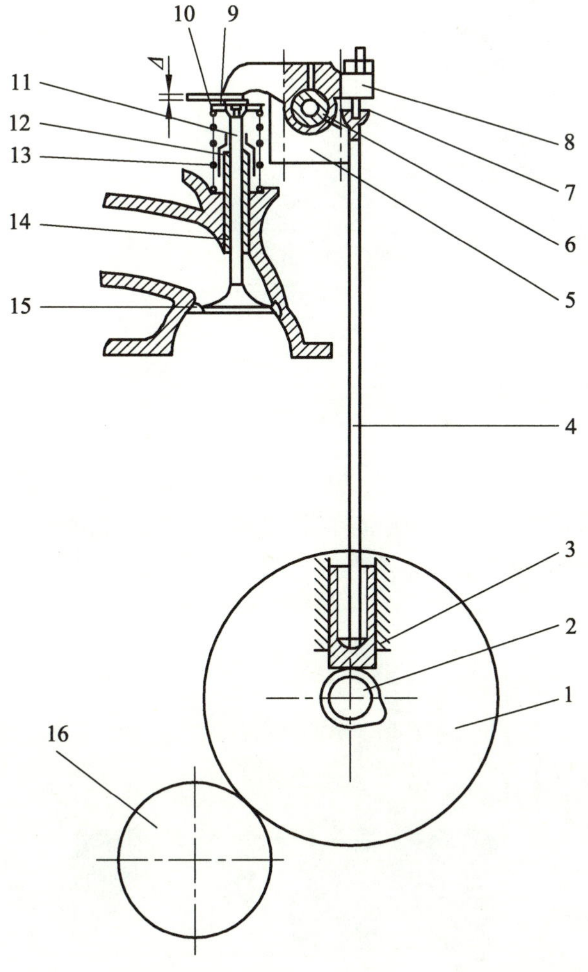

图 3-1-4　叉车配气机构工作原理

1. ＿＿＿＿＿＿＿＿＿＿
2. ＿＿＿＿＿＿＿＿＿＿
3. ＿＿＿＿＿＿＿＿＿＿
4. ＿＿＿＿＿＿＿＿＿＿
5. ＿＿＿＿＿＿＿＿＿＿
6. ＿＿＿＿＿＿＿＿＿＿
7. ＿＿＿＿＿＿＿＿＿＿
8. ＿＿＿＿＿＿＿＿＿＿
9. ＿＿＿＿＿＿＿＿＿＿
10. ＿＿＿＿＿＿＿＿＿＿
11. ＿＿＿＿＿＿＿＿＿＿
12. ＿＿＿＿＿＿＿＿＿＿
13. ＿＿＿＿＿＿＿＿＿＿
14. ＿＿＿＿＿＿＿＿＿＿
15. ＿＿＿＿＿＿＿＿＿＿
16. ＿＿＿＿＿＿＿＿＿＿

（二）五大系统

1. 燃油供给系统

（1）作用。

完成燃油的＿＿＿＿＿＿＿、＿＿＿＿＿＿＿和＿＿＿＿＿＿＿工作，按柴油机各种不同工况的要求，＿＿＿＿＿＿＿＿、＿＿＿＿＿＿＿＿、＿＿＿＿＿＿＿＿并以一定的喷油质量喷放＿＿＿＿＿＿＿＿，使其与空气迅速而良好地＿＿＿＿＿＿＿＿和＿＿＿＿＿＿＿＿，最后使＿＿＿＿＿＿＿＿排入大气。

（2）组成。

柴油箱、低压油管、滤清器、喷油泵、高压油管、喷油器、电控系统等，如图 3-1-5 所示。

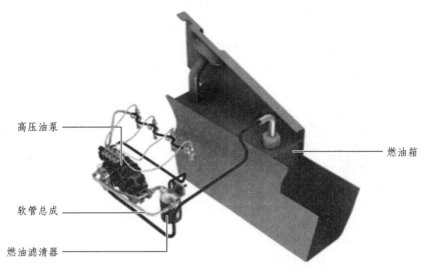

图 3-1-5　叉车燃油供给系统

（3）工作原理。

发动机转动时，输油泵把燃油从油箱泵出，经过滤清器过滤后，进入喷油泵压缩形成高压，喷油泵根据 ECU 传入的电信号，控制单体泵的供油量和供油时间，把高压油输送到喷油器，喷油器按规定把压力为 23 MPa 的燃油喷入气缸中燃烧，多余燃油从喷油器顶部流回油箱，如图 3-1-6 所示。

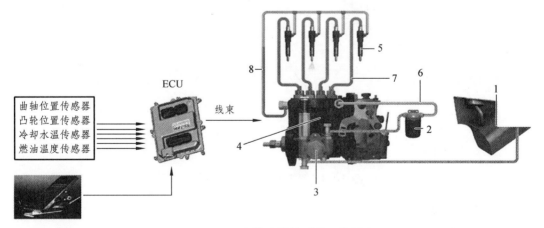

图 3-1-6　叉车燃油供给系统工作原理

1. ＿＿＿＿＿＿＿＿　　　2. ＿＿＿＿＿＿＿＿　　　3. ＿＿＿＿＿＿＿＿

4. ＿＿＿＿＿＿＿＿　　　5. ＿＿＿＿＿＿＿＿　　　6. ＿＿＿＿＿＿＿＿

7. ＿＿＿＿＿＿＿＿　　　8. ＿＿＿＿＿＿＿＿

2. 冷却系统

使发动机在所有工况下都保持在＿＿＿＿＿＿＿＿＿范围内。冷却系统既要防止发动机＿＿＿＿＿＿，也要防止冬季发动机＿＿＿＿＿＿。

（1）组成。

冷却系统由散热器、水泵、风扇、节温器、水管等组成，如图 3-1-7 所示。

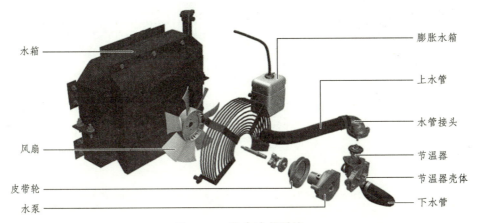

图 3-1-7　叉车冷却系统

（2）工作原理。

① 冷却水小循环工作：当水温＿＿＿＿＿＿时，节温器的主阀门＿＿＿＿＿，＿＿＿＿＿完全打开，冷却水只能在＿＿＿＿＿和＿＿＿＿＿间小范围的＿＿＿＿＿工作。此时，冷却强度＿＿＿＿，促使水温迅速＿＿＿＿，而保证发动机各部位均匀迅速＿＿＿＿或避免发动机过冷，如图 3-1-8 所示。

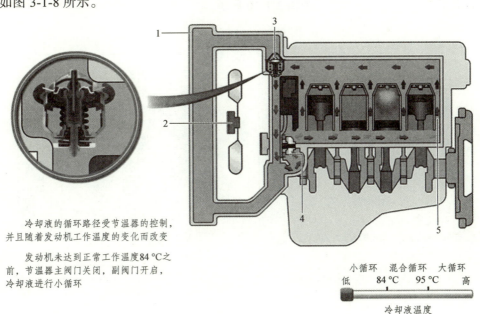

冷却液的循环路径受节温器的控制，并且随着发动机工作温度的变化而改变

发动机未达到正常工作温度84℃之前，节温器主阀门关闭，副阀门开启，冷却液进行小循环

小循环　混合循环　大循环
低　　84℃　　95℃　　高
冷却液温度

1—散热器；2—冷却风扇；3—节温器；4—水泵；5—水套。

图 3-1-8　叉车冷却系统冷却水小循环工作原理

② 冷却水混合循环工作：当水温_____至 76 ℃ 时，节温器的_____开始打开，旁通阀门开始_____。在旁通阀完全关闭前，冷却水_____、_____同时工作，如图 3-1-9 所示。

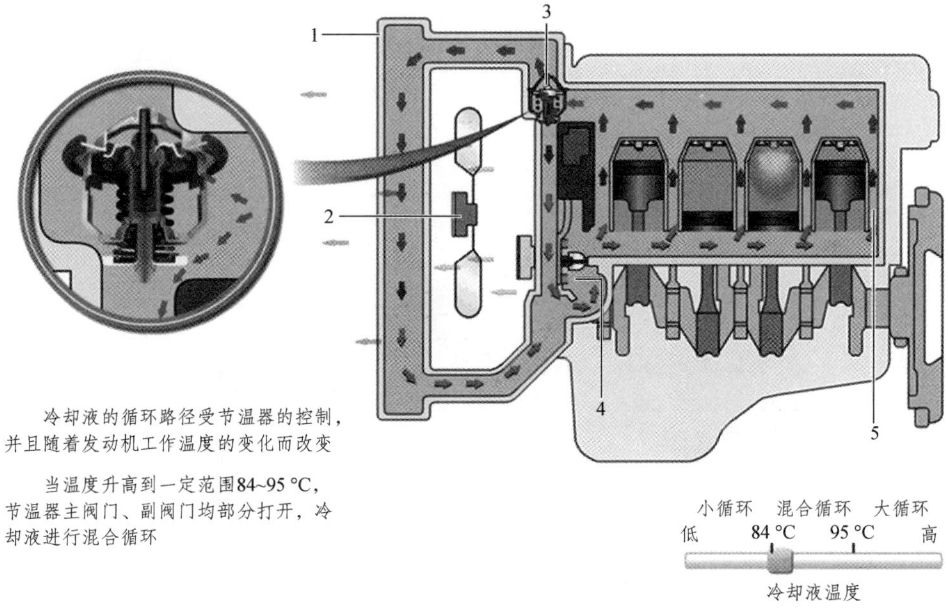

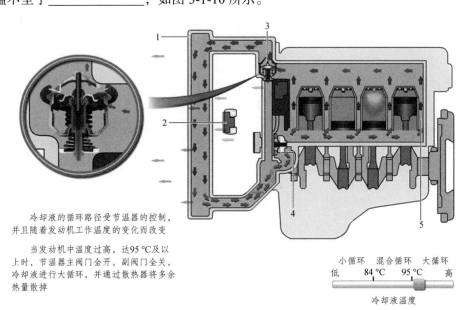

冷却液的循环路径受节温器的控制，并且随着发动机工作温度的变化而改变

当温度升高到一定范围84~95 ℃，节温器主阀门、副阀门均部分打开，冷却液进行混合循环

小循环　混合循环　大循环
低　　84 ℃　95 ℃　　高
冷却液温度

1—散热器；2—冷却风扇；3—节温器；4—水泵；5—水套。

图 3-1-9　叉车冷却系统冷却水混合循环工作原理

③ 冷却水大循环工作：当水温升高至_____时，节温器的主阀门_____，而旁通阀门则_____，冷却水全部流进_____。此时，冷却强度_____，促使水温不至于_____，如图 3-1-10 所示。

冷却液的循环路径受节温器的控制，并且随着发动机工作温度的变化而改变

当发动机中温度过高，达95 ℃及以上时，节温器主阀门全开，副阀门全关，冷却液进行大循环，并通过散热器将多余热量散掉

小循环　混合循环　大循环
低　　84 ℃　95 ℃　　高
冷却液温度

1—散热器；2—冷却风扇；3—节温器；4—水泵；5—水套。

图 3-1-10　叉车冷却系统冷却水大循环工作原理

3. 润滑系统

向做相对运动的零件表面＿＿＿＿＿＿＿＿＿＿＿＿＿＿＿，以实现液体＿＿＿＿＿＿＿＿、＿＿＿＿＿＿＿＿、
＿＿＿＿＿＿＿＿，并对零件表面进行＿＿＿＿＿＿和＿＿＿＿＿＿。

（1）组成。

润滑系统由集滤器、机油泵、机油滤清器、各种控制阀和油压、油面等测量装置组成，如
图3-1-11所示。

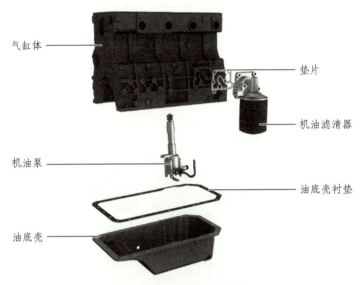

图3-1-11　叉车润滑系统

（2）工作原理。

① 压力润滑：发动机工作时，机油经淹没式＿＿＿＿＿＿＿＿初步过滤后进入机油泵，通过
压力调节，产生0.20～0.44 MPa的压力，经过＿＿＿＿＿＿＿＿＿＿＿过滤后，通过气缸体和气缸
盖内的＿＿＿＿＿＿输送到＿＿＿＿＿＿、＿＿＿＿＿＿、摇臂轴、正时惰齿轮轴，润滑主轴承、连杆轴
承、凸轮轴衬套、摇臂衬套、正时惰齿轮衬套，如图3-1-12所示。

图3-1-12　叉车润滑系统工作原理

② 飞溅润滑：曲轴旋转时，把油底壳的机油_____的油滴对_____和_____、活塞和气缸套、活塞销和连杆、凸轮与挺杆等相互运动负荷较小的零件进行_____。

4. 起动系统

（1）作用。

将储存在蓄电池内的_____转换为_____，要实现这种转换，必须使用起动机。起动电机的功用是由_____产生_____，经传动机构带动发动机_____转动，从而实现发动电机的起动。

（2）组成。

起动系统由起动电机、飞轮齿圈等组成，如图 3-1-13 所示。

图 3-1-13　叉车起动系统

（3）工作原理。

① 如图 3-1-14 所示，电锁扳扭扳到"START"挡，此时电路为：_____→_____→_____→_____→_____，此时继电器触点_____。

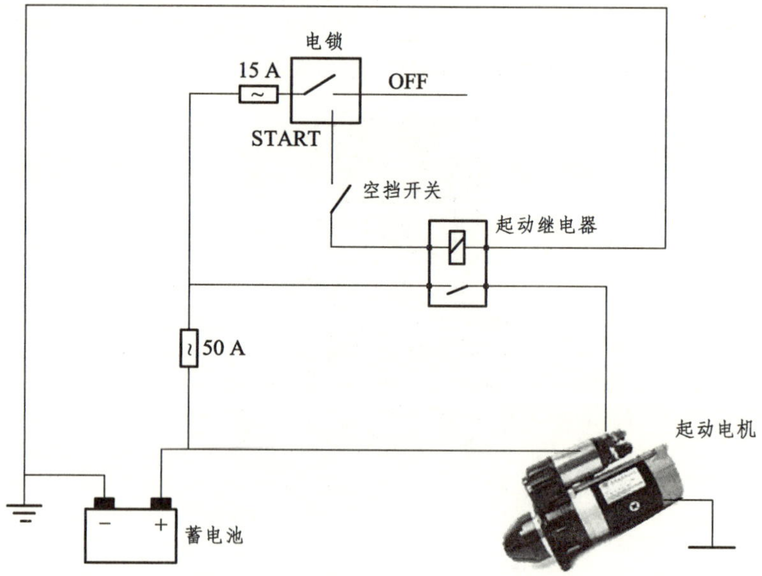

图 3-1-14　叉车起动系统工作原理

② 起动继电器触点闭合后,其电路为:＿＿＿＿＿＿→＿＿＿＿＿＿→＿＿＿＿＿＿→＿＿＿＿＿＿,此时线圈产生＿＿＿＿＿＿,通过传动叉拨动电机驱动齿轮和飞轮齿圈＿＿＿＿＿＿,同时磁力开关的触点＿＿＿＿＿＿。

③ 磁力开关触点闭合后,其电路为:＿＿＿＿＿＿→＿＿＿＿＿＿→＿＿＿＿＿＿,此时,起动电机转子和定子通电后旋转工作,带动发动机转动。

5. 充电系统

（1）作用。

充电系统由蓄电池、发电机、调节器及充电状态指示装置组成。发电机作为汽车运行中的主电源,担负着向起动系统之外所有用电设备＿＿＿＿＿＿和向蓄电池＿＿＿＿＿＿的任务。

（2）组成。

充电系统由蓄电池、交流发电机、电压调节器（集成在发电机内）、连接线路等组成。

（3）工作原理。

① 打开电锁未起动时,电路为:＿＿＿＿＿＿→＿＿＿＿＿＿→＿＿＿＿＿＿→＿＿＿＿＿＿→＿＿＿＿＿＿,此时充电指示灯＿＿＿＿＿＿,发电机＿＿＿＿＿＿,如图3-1-15所示。

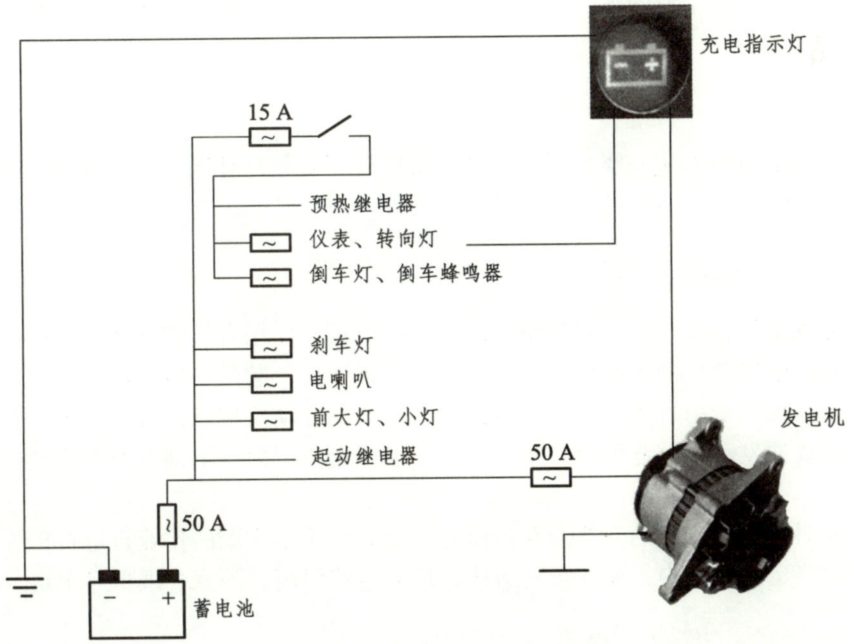

图 3-1-15　叉车充电系统工作原理

② 发动机起动后带动发电机旋转,定子感应产生＿＿＿＿＿＿,经电压调节器调节后,形成稳定约 14.7 V 的直流电压,其电路是:＿＿＿＿＿＿→＿＿＿＿＿＿,此时充电指示灯＿＿＿＿＿＿。

三、发动机故障与排除安全注意事项

（一）有烫伤的危险

不要触摸运转中或刚停机的柴油发动机的任何部位,以免烫伤。进行维修工作时,可先通过水温表、触摸或用其他检测设备等确认柴油发动机已充分冷却后，再开始进行维修作业。

在柴油发动机运转中或刚停机时，不要打开散热器盖子，要待柴油发动机停机且冷却水温充分下降以后才可打开。打开盖子时，散热器内部的压力会使冷却水逸出来，因此要缓慢地打开。另外，为防止蒸气喷出烫伤，要戴好保护手套、面部防护设施等。在关闭水箱盖时，注意确认已完全拧紧盖子。

补充柴油发动机冷却液时，要等水温下降到常温状态后进行，不要在刚刚停机时添加冷却液。

严禁拆除柴油发动机上的隔热罩盖或保温棉材料。如果必须拆除，待维修竣工后一定要及时安装上。

（二）注意废气中毒

柴油发动机运行时，要注意通风。柴油发动机安装时，必须用排气管将废气排出室外，同时检查各连接部位不能有泄漏。

如果是移动式动力设备，不要在室内（仓库、隧道等）封闭、通风不良的场所运行。如确实要在这种环境中工作，必须要将废气排出室外，且不能伤害外部的动植物，必要时要进行净化环保处理。因为柴油发动机排气中有 CO、SO_2 等对人体有害的成分，如果通风不良，容易引起中毒。

（三）有听觉障碍的危险

柴油发动机运行过程中，噪声很大，进入机房时，要戴好耳塞。安装发动机时，还应考虑对周围环境的影响，必要时，应进行降噪环保处理。

（四）吊装运输注意事项

吊装柴油发动机时要谨慎，根据柴油发动机的质量，使用有足够承载能力的起吊设施。起吊时，要注意柴油发动机的重心位置，首先进行平衡作业。起吊角度不能过大，在 60° 以内，过大容易引起吊板承受力过大，引起吊板损坏。与柴油发动机接触位置要用纸、布等软材料填垫，以免损坏柴油发动机。起吊时，不要站在柴油发动机上面、下部以及侧面周围可能碰撞的范围内。

检修作业时要注意脚下的安全。在检修时，要站在稳定牢固的作业台进行工作。同时，柴油发动机在道路运送过程中，要注意交通法，运输道路限高、限宽、限重等规定。

（五）润滑油、燃油、冷却液的使用与排放

使用厂家规定标号的润滑油、燃油、冷却液。当使用不良、不符合规定牌号的油液时，可能引起柴油发动机故障。

废润滑油、废冷却液排放应按照有关法规和法则进行处理。

（六）有火灾、燃爆的危险

（1）严禁明火靠近柴油发动机。

（2）柴油发动机的周围要清洁、无杂物。

（3）柴油发动机未完全冷却前，不能打开曲轴箱的端盖。

（4）注意燃油、机油的泄漏。

（5）使用防爆照明灯。

（6）机房常备消防灭火设施。

（七）有被卷入的危险

（1）转动部位必须安装保护网罩。

（2）起动柴油发动机时，要确认周围安全。

（3）运行过程中，绝对不允许接近转动的部位。

（4）维修时，一定要先断开起动机装置（如电池等）。

（5）使用盘车工具后，应及时放回原处，禁止放置在发动机上。

（八）蓄电池的使用

（1）蓄电池附近绝不能有明火或闪火花。

（2）易燃的气体不要靠近蓄电池。

（3）电解液在最低液面以下时，要停止使用，并及时补充电解液。

（4）拆卸电池线端子时，一定要先拆负极，后拆正极。

（5）给蓄电池充电时，要保持通风良好，将蓄电池盖打开。

（6）接蓄电池线时，要连接可靠，否则因接触不良，容易产生火花，引起爆燃的危险。

（7）电气线路检修或电焊焊接时，要断开蓄电池电缆。

（8）电解液是稀硫酸，接触后容易引起失明或烫伤，注意不能溅到人体等。

（9）更换、添加电解液时，要戴好眼镜和橡胶手套。

（10）机组运行过程中，不要断开蓄电池开关或接线端子。

（11）电解液附在皮肤或衣服上时，要立即用大量的水冲洗，并用洗衣皂洗净。

（12）电解液误入眼睛后有失明的危险，要立即用大量的水冲洗，并立即请医生治疗。

（13）误食电解液，要立即用大量的水反复漱口，并立即喝下大量的水，立即请医生治疗。

（九）发生异常时的处理

（1）柴油发动机过热时，不能马上停机。如立即停机，会使冷却水温激剧上升，引起发动机烧坏。

（2）当发动机过热时，先进行一段时间怠速运行，等冷却液温度下降后再停机。

（3）异常停机后，不能立即启动，待查明原因，如不影响或检修后才再次启动。

（4）油压下降时，要立即停机，检查润滑系统。如果在低油压状态下继续使用发动机，会导致拉瓦、拉缸等事故。

（5）风扇皮带断裂损坏时，要立即停机。如果继续运转，发动机会过热，引起过热故障。

（十）作业穿戴保护用具

在叉车运行或维修时，要求穿戴好安全帽、保护面具、安全工作鞋、防尘口罩和手套等保护用具。

四、故障主题一：柴油机不能启动

叉车故障分析案例表						编号：	
客户故障描述	基本情况简述	叉车安装下线，并加好油液后，启动时发现无法启动					
	机型	**CPCD30**		工作小时		故障代码	
	故障系统	动力系统		近期保养及维修情况			
	现场交流故障现象简述						
故障原因初判断	□蓄电池充电不足；　　　　　　　　　　□起动机故障； □燃油系统中有空气；　　　　　　　　　□油路堵塞； □供油泵不供油；　　　　　　　　　　　□喷油器喷油不良； □气门间隙过小、气门漏气；　　　　　　□气缸盖垫片处漏气； □活塞环磨损、黏结、开口位置重叠；　　□环境温度低，机油黏度大； □供油提前角不对；　　　　　　　　　　□未挂入空挡； □其他：_____						
外出检修配件准备	根据故障原因初判断，拟准备配件：						
维修人员现场检查	对蓄电池进行检查，电量_____； 打开_____，起动电机_____； _____ _____ _____						
故障分析与判断							
现场维修记录							
备注：							
维修心得：							
维修人		编写人			日期		
维修相关照片或简图							
● 故障件图片				● 故障件近照			
描述：							

五、故障主题二：柴油机水温过高

叉车故障分析案例表					编号：	
客户故障描述	基本情况简述	启动不久，发现水温过高				
	机型	CPCD30	工作小时		故障代码	
	故障系统		近期保养及维修情况			
	故障现象简述					
故障原因初判断	□水量不足或冷却液选用不当； □水温传感器损坏，线路搭铁或指示表失灵； □水箱与风叶距离不当； □节温器失效； □供油提前角过早、滞后或喷油器工作不良； □其他：_____			□水散热器堵塞或表面太脏； □风扇转速太低，叶片变形或装反； □冷却水泵故障； □气缸垫损坏； □柴油机超负荷运转；		
外出检修配件准备	根据故障原因初判断，拟准备配件：					
维修人员现场检查						
故障分析与判断						
现场维修记录						
备注：						
维修心得：						
维修人		编写人			日期	
维修相关照片或简图						
● 故障件图片			● 故障件近照			
描述：						

六、故障主题三：发动机冒白烟

叉车故障分析案例表					编号：	
客户故障描述	基本情况简述	该机在使用过程中出现发动机冒白烟现象				
	机型	**CPCD30**	工作小时		故障代码	
	故障系统	动力系统	近期保养及维修情况			
	故障现象简述					
故障原因初判断	□气缸盖螺栓松动，气缸垫损坏；　　　□气缸盖、气缸套、气缸体出现裂纹； □柴油中含水；　　　　　　　　　　□供油提前角不准； □气门间隙不准；　　　　　　　　　□喷油器、喷油泵偶件磨损严重； □气缸压力不足（气门与气门座、活塞环，活塞与气缸套的配合副或气缸垫漏气）； □其他：＿＿＿＿＿＿＿＿＿＿＿＿＿＿＿＿＿＿＿＿＿＿＿＿＿＿					
外出检修配件准备	根据故障原因初判断，拟准备配件：					
维修人员现场检查						
故障分析与判断						
现场维修记录						
备注：						
维修心得：						
维修人		编写人			日期	
维修相关照片或简图						
● 故障件图片				● 故障件近照		
描述：						

七、故障主题四：柴油机启动困难

叉车故障分析案例表					编号：	
客户故障描述	基本情况简述	3 t 叉车安装下线，加好油液后启动困难				
	机型	CPCD30	工作小时		故障代码	
	故障系统		近期保养及维修情况			
	故障现象简述					

故障原因初判断	□蓄电池电量不足，起动机带不动柴油机；　　□线路接触不良； □起动机线圈短路；　　□启动时没有及时卸去负荷； □油箱无油；　　□燃油系统中有空气； □喷油器不喷油；　　□喷油泵压力不足或不泵油； □供油时间不对；　　□配气相位不对，导致进气门关闭过迟； □喷油器或喷油泵出油阀封闭不严；　　□供油量少； □供油量不均匀；　　□喷油器工作不正常或雾化不良； □供油间断；　　□喷油泵压力不正常； □气门间隙调整不当，使气门关闭不严，或气门与气门座密封不严造成漏气； □气缸垫损坏，缸套、活塞、活塞环严重磨损或装配不当； □气门推杆弯曲或磨损； □固定喷油器的压紧螺母松动，喷油器垫圈漏装； □冬季启动，机温过低； □冬季机油黏度大； □空气滤清器滤芯或进气管严重堵塞； □其他：_____
外出检修配件准备	根据故障原因初判断，拟准备配件：
维修人员现场检查	
故障分析与判断	
现场维修记录	
备注：	

叉车故障分析案例表				编号：	
维修心得：					
维修人		编写人		日期	
维修相关照片或简图					
● 故障件图片			● 故障件近照		
描述：					

学习任务二　底盘系统故障诊断、排除

【学习目标】

1. 掌握叉车底盘系统的工作原理和组成；
2. 掌握叉车门架起升无力、门架无动作和门架自动前倾的故障诊断与排除。

【建议课时】

12 课时。

【学习过程】

复习叉车维修工中级篇中底盘的相关知识，并结合"底盘构造与拆装"课程和故障案例完成下列故障的诊断、排除作业。

一、底盘的组成

底盘系统
故障诊断、排除

叉车底盘是叉车的重要组成部分，它的功能作用是安装各叉车配件的总成，以实现叉车发动机的动力传递，确保叉车正常行驶。叉车底盘主要由四大系统组成：＿＿＿＿＿＿＿＿、＿＿＿＿＿＿＿＿＿、＿＿＿＿＿＿＿＿＿＿＿＿、＿＿＿＿＿＿，如图 3-2-1 所示。

图 3-2-1　叉车底盘结构

（一）传动系统

传动系统可以分为四种类型，如＿＿＿＿＿＿＿＿、＿＿＿＿＿＿＿＿、＿＿＿＿＿＿＿＿＿和＿＿＿＿＿＿＿＿＿。

（1）机械传动系统主要由＿＿＿＿＿＿＿、＿＿＿＿＿＿、＿＿＿＿＿＿和＿＿＿＿＿＿等组成。

（2）液力机械传动主要由＿＿＿＿＿＿＿、＿＿＿＿＿＿、＿＿＿＿＿＿和＿＿＿＿＿＿等组成。

（3）全液压传动，由＿＿＿＿＿＿直接带动＿＿＿＿＿＿，液压泵输出的＿＿＿＿＿＿＿＿驱动安装在驱动轮上的＿＿＿＿＿＿＿旋转而直接带动＿＿＿＿＿＿旋转。

（4）电传动，因为电动机的＿＿＿＿＿＿和＿＿＿＿＿＿由电气系统来完成，所以无须离合器和变速器。它主要有两种形式：一种是＿＿＿＿＿＿传动，另一种是＿＿＿＿＿＿传动，还有个别采用左右后轮为驱动轮。

（二）行驶系统

行驶系统主要由＿＿＿＿＿＿＿、＿＿＿＿＿＿、＿＿＿＿＿＿、＿＿＿＿和＿＿＿＿＿＿组成。车轮分别安装在转向桥与＿＿＿＿＿＿＿上，车桥通过＿＿＿＿＿＿连接＿＿＿＿＿＿，＿＿＿＿＿＿＿＿＿是整个叉车的基体。叉车的前桥为驱动桥，后桥为转向桥，前轮大、后轮小。

1. 车　架

车架是叉车的＿＿＿＿＿＿，按其结构形式不同可分为＿＿＿＿＿＿车架和＿＿＿＿＿＿车架两种。

2. 车　桥

它的作用是传递＿＿＿＿＿＿与＿＿＿＿＿＿之间的各方向作用力及其产生的＿＿＿＿＿＿＿和＿＿＿＿＿＿。＿＿＿＿＿＿通过悬架与车架（或承载式车身）相连，其两端安装＿＿＿＿＿＿。车架所受的垂直载荷通过＿＿＿＿＿和＿＿＿＿＿＿传到＿＿＿＿＿＿，车轮的滚动阻力、驱动力、制动力和侧向力及其弯矩、转矩又通过车桥传递给悬架和车架。

3. 车轮与车胎

叉车车轮与轮胎的功用是支承整台叉车的＿＿＿＿＿＿，缓和由路面传来的＿＿＿＿＿，产生＿＿＿＿＿和＿＿＿＿＿，保持＿＿＿＿＿等。车轮由＿＿＿＿＿、＿＿＿＿＿＿及它们之间的连接件组成，轮胎由＿＿＿＿＿、＿＿＿＿＿和＿＿＿＿＿组成。轮胎一般有充气轮胎、钢圈压配式轮胎和压配式聚氨酯轮胎。

4. 悬　架

悬架是＿＿＿＿＿＿与＿＿＿＿＿之间的连接装置，用以传递＿＿＿＿＿和＿＿＿＿＿＿，缓和吸收车轮在不平路面上所受的＿＿＿＿＿＿和＿＿＿＿＿。

（三）转向系统

叉车的转向系统通常可以分为＿＿＿＿＿＿＿＿＿＿、＿＿＿＿＿＿＿＿＿＿、＿＿＿＿＿＿＿＿＿＿＿三种。

（1）机械式转向装置，主要由操纵机构（包括＿＿＿＿＿＿、＿＿＿＿＿＿、＿＿＿＿＿＿＿＿＿），转向器和＿＿＿＿＿＿＿机构三部分组成。

（2）液压助力转向，是在机械转向系统的基础上，增设了一套＿＿＿＿＿＿装置。

（3）全液压转向是通过＿＿＿＿＿＿＿＿、＿＿＿＿＿＿＿＿＿操纵＿＿＿＿＿＿＿＿，转向器产生的＿＿＿＿＿＿＿＿经油管进入转向液压缸，驱动转向三连板或转向拉杆的转向节转动，从而使＿＿＿＿＿改变方向。全液压转向系统主要由＿＿＿＿＿、＿＿＿＿＿、＿＿＿＿＿、＿＿＿＿＿、＿＿＿＿＿、挡环、＿＿＿＿＿、＿＿＿＿＿、＿＿＿＿＿、＿＿＿＿＿、支承套、限位螺栓、＿＿＿＿＿、＿＿＿＿＿、＿＿＿＿＿、＿＿＿＿＿、螺栓、＿＿＿＿＿、转向油缸、全液压转向器构成。

（4）转向的方式，不论叉车的支承形式如何（三支点或四支点），叉车在行驶中转向都是依靠后轮的＿＿＿＿＿＿＿与叉车的＿＿＿＿＿＿＿偏离一定角度来实现的。

（四）制动系统

制动系统由制动器和制动驱动机构两大部分构成。

1. 制动器

它的功能作用是利用＿＿＿＿＿＿来吸收叉车运动的＿＿＿＿＿＿，以达到＿＿＿＿＿或＿＿＿＿＿的目的，并将摩擦副吸收了的＿＿＿＿＿转变为＿＿＿＿＿逸散到大气中去。转向器主要由制动轮缸、＿＿＿＿＿、驻车制动摇杆、＿＿＿＿＿、＿＿＿＿＿、定位销组、＿＿＿＿＿、制动鼓、＿＿＿＿＿组成。

2. 制动驱动机构

它分为＿＿＿＿＿制动驱动机构和＿＿＿＿＿两种驱动机。机械式制动驱动机构由＿＿＿＿＿、＿＿＿＿＿和＿＿＿＿＿等传动配件构成。液压式制动驱动机构由＿＿＿＿＿、＿＿＿＿＿、＿＿＿＿＿、＿＿＿＿＿、补油孔、＿＿＿＿＿、回油孔、＿＿＿＿＿、夹子、皮碗、＿＿＿＿＿、＿＿＿＿＿、密封圈、＿＿＿＿＿、锁紧螺母等组成。

二、部件总成

（一）变速箱总成

1. 变速箱的构造

变速箱主要由＿＿＿＿＿＿、＿＿＿＿＿＿＿、＿＿＿＿＿＿＿、＿＿＿＿＿＿＿＿、操纵阀、
＿＿＿＿＿＿等件组成，如图 3-2-2 和图 3-2-3 所示。

图 3-2-2　叉车变速箱总成结构

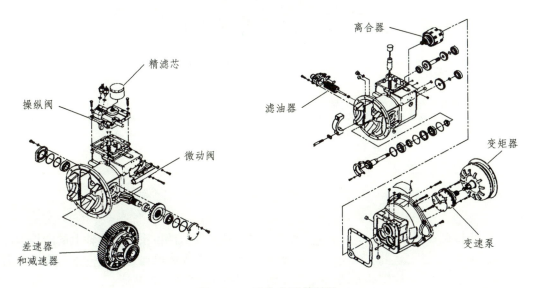

图 3-2-3　叉车变速箱结构

2. 离合器总成

（1）作用：把油液的＿＿＿＿＿＿转变为＿＿＿＿＿＿输出。

（2）构造：＿＿＿＿＿＿＿（离合器壳）、＿＿＿＿＿＿、＿＿＿＿＿＿、＿＿＿＿＿、
＿＿＿＿＿＿、倒车挡齿轮圈、＿＿＿＿＿、压板等组成。

（3）工作原理：离合器总成的每个离合器由相间装配的＿＿＿＿＿＿＿＿＿＿＿＿、4 片摩擦片
和＿＿＿＿＿＿＿＿以及一个＿＿＿＿＿组成。活塞的外圆装有＿＿＿＿＿＿，输入轴上装有＿＿＿＿＿，

以确保活塞工作时的密封。空挡时，没有_____进入离合器，活塞在回程弹簧的_____作用下回位，使隔片和摩擦片处于_____状态。换挡时，油压作用于活塞、隔片和摩擦片互相_____，靠摩擦力把来自变矩器的动力传到_____或_____上。

（二）主减速器

1. 主减速器

（1）作用：_____、_____，并改变_____的传递方向。

（2）组成：_____、_____、_____、_____等，如图3-2-4所示。

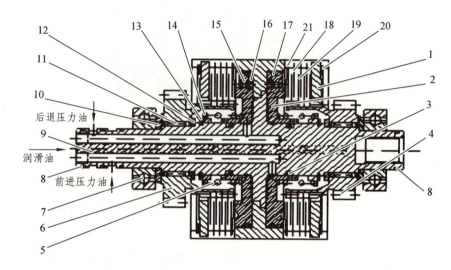

1—端板；2，16—活塞；3—O形圈；4—前进挡齿轮；5—回程弹簧；6—倒车挡齿轮；
7—轴承；8—密封环；9—输入轴总成（离合器外壳）；10—止推环（A）；
11—滚针轴承；12—止推环（B）；13—轴用弹性挡圈；14—弹簧座；
15—钢球；17—活塞环；18—隔片；19—摩擦片；
20—卡环；21—碟形板。

图 3-2-4　叉车主减速器的结构

（3）工作原理：主减速器为_____减速，输出轴头部的锥齿轮和齿轮轴上的螺旋伞齿轮啮合传动，实现_____并改变_____传递的方向；螺旋伞齿轮通过_____安装在齿轴上，带动_____转动，齿轴和差速器壳上齿圈啮合传动，实现二级减速。

图 3-2-5　叉车主减速器的传动

2. 差速器

（1）作用：在向两边半轴传递_____时，允许两半轴以不同_____旋转，以满足两边轮子_____的需求。

（2）组成：_____、_____（十字轴）、_____、_____等，如图 3-2-6 所示。

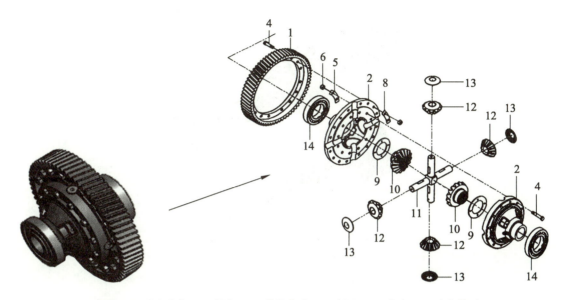

1—齿圈；2—差速器壳；4—螺栓；5—锁紧垫片；6—螺母；8—锁片；9—半轴垫圈；
10—半轴齿轮；11—十字轴；12—行星齿轮；13—行星垫圈；14—深沟球轴承。

图 3-2-6　叉车主差速器的结构

（3）工作原理：当叉车直线行驶时，驱动桥左右两边车轮_____相同，受的_____相当，差速器壳体内的_____只是跟着壳体公转而不会_____。当叉车转弯行驶时，内侧车轮会产生更大的阻力，两侧半轴受力不同会使行星齿轮产生自转，两侧半轴会有_____，此时外侧车轮比内侧的转速要_____，就能顺利转弯，如图 3-2-7 所示。

（a）直线行驶差速器工作情况　　　（b）转弯行驶差速器工作情况

图 3-2-7　叉车主差速器的工作原理

（三）驱动桥

1. 驱动桥

（1）作用：把＿＿＿＿＿＿的动力通过＿＿＿＿＿＿传递给轮胎，使叉车能够行驶。

（2）组成：＿＿＿＿＿、＿＿＿＿＿＿、＿＿＿＿＿和＿＿＿＿＿＿等，如图3-2-8所示。

制动鼓

驱动桥壳

锁紧垫圈

轮毂

外螺母

半轴

垫片

螺栓

锁紧垫圈

轴承

油封

内螺母

图 3-2-8　叉车驱动桥的结构

2. 驱动车轮

（1）作用：＿＿＿＿＿＿；＿＿＿＿＿＿；＿＿＿＿＿＿＿＿。

（2）组成：由＿＿＿＿＿和＿＿＿＿＿＿组成，如图3-2-9所示。

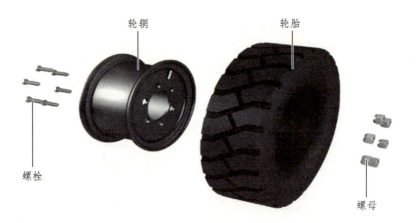

轮辋

轮胎

螺栓

螺母

图 3-2-9　叉车驱动车轮的结构

三、故障主题一：差速器损坏导致整机无法行走

叉车故障分析案例表					编号：	
客户故障描述	基本情况简述	企业的名称、地址、环境（粉尘、温度、湿度）、维保人员、操作人员等情况（只填特殊情况即可）				
	机型	CPC20	工作小时		故障代码	
	故障系统	传动系统	近期保养及维修情况		正常保养，更换过摩擦片	
	故障原因简述	发动机能正常启动，动力充足，挂前进/后退挡后都无法行走				
故障原因初判断	1. _____ 2. _____ 3. _____ 4. _____ ☐ 其他：_____					
外出检修配件准备	根据故障原因初判断，拟准备配件：					
维修人员现场检查	1. 检查摩擦片（离合器从动盘）情况，_____，_____； 2. 对_____进行检查，_____，_____； 3. 对_____进行检查，_____，_____，无影响； 4. 对_____进行检查，_____，无影响； 5. 拆开变速箱，对_____进行检查，_____正常，_____正常；拆下发动机，取出_____，拿下_____，发现_____					
故障分析与判断						
现场维修记录						
备注：						
维修心得：						
维修人		编写人			日期	
维修相关照片或简图						
● 故障件图片			● 故障件近照			
描述：						

四、故障主题二：变速箱油温正常时倒挡无力

叉车故障分析案例表					编号：	
客户故障描述	基本情况简述	企业的名称、地址、环境（粉尘、温度、湿度）、维保人员、操作人员等情况（只填特殊情况即可）				
	机型	**CPCD30**	工作小时		故障代码	
	故障系统	传动系统	近期保养及维修情况		无保养	
	故障原因简述	该机变速箱工作一段时间后，油温升到正常值时，倒挡无力				
故障原因初判断	1. _____ 2. _____ □其他：_____					
外出检修配件准备	根据故障原因初判断，拟准备配件：					
维修人员现场检查	1. 检查变速箱油位、_____、_____、滤油器、_____； 2. 微动阀杆移动_____测系统压力_____，测倒挡压力为_____**MPa**					
故障分析与判断						
现场维修记录						
备注：						
维修心得：						
维修人		编写人		日期		
维修相关照片或简图						
● 故障件图片			● 故障件近照			
描述：						

五、故障主题三：整机单边无制动

叉车故障分析案例表					编号：	
客户故障描述	基本情况简述	企业的名称、地址、环境（粉尘、温度、湿度）、维保人员、操作人员等情况（只填特殊情况即可）				
	机型	CPCD30	工作小时		故障代码	
	故障系统	制动系统	近期保养及维修情况		刚做过保养服务，更换三滤与机油	
	故障原因简述	在制动过程中该车右驱动轮无刹车				
故障原因初判断	1. _____ 2. _____ 3. _____ 4. _____ □其他：_____					
外出检修配件准备	根据故障原因初判断，拟准备配件：					
维修人员现场检查	1. 现场试车检查该车_____情况，发现该车右驱动轮_____。 2. 调整右驱动轮制动间隙_____，再检查制动情况，经过调整制动间隙螺母后，右驱动轮_____。 3. 拆卸_____轮胎，经拆装后发现_____					
故障分析与判断						
现场维修记录						
备注：						
维修心得：						
维修人		编写人			日期	
维修相关照片或简图						
● 故障件图片			● 故障件近照			
描述：						

六、故障主题四：转向桥摆动轴套损坏导致异响

叉车故障分析案例表					编号：	
客户故障描述	基本情况简述	企业的名称、地址、环境（粉尘、温度、湿度）、维保人员、操作人员等情况（只填特殊情况即可）。高粉尘户外				
	机型	**CPC30**	工作小时		故障代码	
	故障系统	转向系统	近期保养及维修情况		正常保养；因该故障已拆过配重，检查过车架	
	故障原因简述	整机购回第二天就出现整机平路行走偶尔有异响，过坑洼地带异响严重				
故障原因初判断	1. _____ 2. _____ □其他：_____					
外出检修配件准备	根据故障原因初判断，拟准备配件：					
维修人员现场检查	1. 判断可能是_____与_____互磨产生异响，经松脱护顶架螺丝，未能消除故障； 2. 吊下配重，检查_____，发现没有_____，_____与_____干磨，拆除后看到_____					
故障分析与判断						
现场维修记录						
备注：						
维修心得：						
维修人		编写人			日期	
维修相关照片或简图						
● 故障件图片			● 故障件近照			
描述：						

学习任务三　液压系统故障诊断、排除

【学习目标】

1. 掌握叉车液压系统的工作原理和组成；
2. 掌握柴油叉车不能启动、水温过高、冒白烟和启动困难的故障诊断与排除。

【建议课时】

12 课时。

【学习过程】

复习叉车维修工中级篇中发动机的相关知识，并结合"液压传动"课程和故障案例完成下列故障的诊断、排除作业。

一、认识液压系统

叉车液压系统主要分为工作液压系统和转向液压系统。工作液压系统通过控制升降油缸和倾斜油缸，实现门架的上升、下降和前后倾斜。转向液压系统通过控制转向油缸，实现叉车的转向。

液压系统
故障诊断、排除

二、工作液压系统的组成

工作液压系统主要由齿轮泵、多路阀、起升油缸、倾斜油缸、限速阀、油管等组成，如图 3-3-1 所示。

图 3-3-1　液压系统

三、转向液压系统的组成

转向液压系统主要由齿轮泵、转向器、转向油缸、油管等组成，如图 3-2-2 所示。

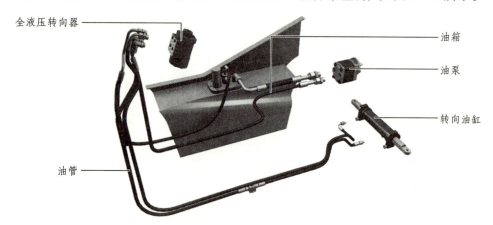

图 3-3-2　转向液压系统

四、故障主题一：叉车门架起升无力

叉车故障分析案例表					编号：	
客户故障 描述	基本情况简述	空载或轻载时起升正常，重载时，不能升起				
	机型	CPCD30	工作小时		故障代码	
	故障系统	液压系统	近期保养及维修情况		常规保养	
	现场交流故障 现象简述					
故障原因 初判断	□液压油箱油量不足； □油箱滤网堵塞； □多路阀主安全阀弹簧断裂或弹簧力减弱，压力下降； □多路阀内漏； □升降油缸内漏； □齿轮泵损坏，供油压力不足； □其他：_____					
外出检修 配件准备	根据故障原因初判断，拟准备配件：					
维修人员 现场检查	对液压油位进行检查，油位_____； 对油箱滤网进行检查，滤网_____； 对主安全阀压力进行检查，压力_____； _____； _____； _____					

叉车故障分析案例表		编号：
故障分析 与判断		
现场维修 记录		
备注：		
维修心得：		

维修人		编写人		日期	

维修相关照片或简图	
● 故障件图片	● 故障件近照
描述：	

五、故障主题二：叉车门架无动作

<table>
<tr><td colspan="3" style="text-align:center">叉车故障分析案例表</td><td colspan="2">编号：</td></tr>
<tr><td rowspan="5">客户故障描述</td><td rowspan="2">基本情况简述</td><td colspan="3">操纵多路阀，门架无法动作</td></tr>
<tr><td>机型</td><td>CPCD30</td><td>工作小时</td><td>故障代码</td></tr>
<tr><td>故障系统</td><td>液压系统</td><td colspan="2">近期保养及维修情况　　　　常规保养</td></tr>
<tr><td>现场交流故障现象简述</td><td colspan="3"></td></tr>
<tr><td colspan="4"></td></tr>
</table>

故障原因初判断	□液压油箱油量不足；　　　　　　　　　□油箱滤网堵塞； □齿轮泵损坏，供油压力流量不足；　　□多路阀主安全阀阀芯卡滞； □其他：＿＿＿＿＿＿＿＿＿＿＿＿＿＿＿＿＿＿＿＿＿
外出检修配件准备	根据故障原因初判断，拟准备配件：
维修人员现场检查	对液压油位进行检查，油位＿＿＿＿＿＿＿＿＿＿＿＿＿＿＿＿＿＿＿； 对油箱滤网进行检查，滤网＿＿＿＿＿＿＿＿＿＿＿＿＿＿＿＿＿； ＿＿＿＿＿＿＿＿＿＿＿＿＿＿＿＿＿＿＿＿＿＿＿＿＿； ＿＿＿＿＿＿＿＿＿＿＿＿＿＿＿＿＿＿＿＿＿＿＿＿＿
故障分析与判断	
现场维修记录	

备注：

维修心得：

维修人		编写人		日期	

<table>
<tr><td colspan="2" style="text-align:center">维修相关照片或简图</td></tr>
<tr><td>● 故障件图片</td><td>● 故障件近照</td></tr>
<tr><td></td><td></td></tr>
</table>

描述：

六、故障主题三：叉车门架自动前倾

叉车故障分析案例表						编号：	
客户故障描述	基本情况简述	门架自动前倾					
	机型	CPCD30	工作小时			故障代码	
	故障系统	液压系统	近期保养及维修情况			常规保养	
	现场交流故障现象简述						
故障原因初判断	□液压油管漏油；　　□多路阀内漏；　　□倾斜油缸内漏						
外出检修配件准备	根据故障原因初判断，拟准备配件：						
维修人员现场检查	对液压油管进行检查，油管_____； _____； _____						
故障分析与判断							
现场维修记录							
备注：							
维修心得：							
维修人		编写人			日期		
维修相关照片或简图							
● 故障件图片				● 故障件近照			
描述：							

学习任务四　电气系统故障诊断、排除

【学习目标】

1. 掌握叉车动力系统的工作原理和组成；
2. 掌握柴油叉车起动电机损坏、前大灯不亮、喇叭不响的故障诊断与排除。

【建议课时】

12 课时。

【学习过程】

复习叉车维修工中级篇中发动机的相关知识，并结合"电工电子"课程和故障案例完成下列故障的诊断、排除作业。

一、电气与电子系统

（1）作用：给叉车提供电源、照明和各种信号。

（2）组成：＿＿＿＿＿＿、＿＿＿＿＿＿、＿＿＿＿＿＿、＿＿＿＿＿＿，
如图 3-4-1 所示。

电气系统
故障诊断、排除

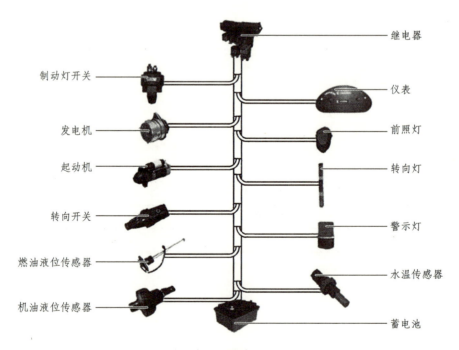

制动灯开关
发电机
起动机
转向开关
燃油液位传感器
机油液位传感器

继电器
仪表
前照灯
转向灯
警示灯
水温传感器
蓄电池

图 3-4-1　叉车电气系统

二、故障主题一：起动电机损坏

叉车故障分析案例表						编号：	
客户故障描述	基本情况简述	扭动钥匙开关，车辆无法起动					
	机型	CPC35		工作小时		故障代码	
	故障系统	电气系统		近期保养及维修情况		做过常规保养	
	现场交流故障现象简述						

故障原因初判断	□蓄电池亏电严重； □起动电路线路有断路； □空挡开关失效，起动电路不导通； □电锁损坏，起动挡触点接触不良； □起动继电器失效； □其他：_____
外出检修配件准备	根据故障原因初判断，拟准备配件：
维修人员现场检查	1. 检查蓄电池电眼_____，且起动电锁时_____； 2. 用万用表测量线路，_____； 3. 检查起动电机与蓄电池之间的电源线，_____
故障分析与判断	
现场维修记录	

备注：

维修心得：

维修人		编写人		日期	

维修相关照片或简图	
● 故障件图片	● 故障件近照
描述：	

三、故障主题二：线路短路导致保险盒损坏，前大灯不亮

叉车故障分析案例表					编号：	
客户故障描述	基本情况简述	该机大约使用 **60 h** 后出现承载夜间行车灯光主线（绿）过热、保险盒过热烧损、倒挡灯光转换开关插接处热熔变形、前大灯不亮				
	机型	**CPCD70**	工作小时		故障代码	
	故障系统	电气系统	近期保养及维修情况		常规保养	
	现场交流故障现象简述					
故障原因初判断	□灯泡烧损；　　　　　　　　　　□灯保险烧损； □灯开关失效；　　　　　　　　　□线路断路； □其他：_____					
外出检修配件准备	根据故障原因初判断，拟准备配件：					
维修人员现场检查	现场检查（包含数据测量）： 　1. 目测：保险盒 20 A 保险_____，卡座黏连，行车示宽灯与前大灯_____，倒挡开关插接处_____，判断为_____造成，目测各处线路_____。 　2. 试灯检测：断开_____，断开_____，断开_____，断开_____，依次给各断开插接处的灯光_____，_____。 　3. 仪表检测：用万用表_____，黑笔_____，红笔_____，读数_____，依次恢复各插接点，当恢复到左后转向灯与后示宽灯总成插接处时，指针_____，恢复倒挡开关时指针_____					
故障分析与判断						
现场维修记录						
备注：						
维修心得：						
维修人		编写人			日期	
维修相关照片或简图						
● 故障件图片				● 故障件近照		
描述：						

四、故障主题三：喇叭不响

叉车故障分析案例表					编号：	
客户故障描述	基本情况简述	喇叭不响				
	机型	CLG2030H	工作小时		故障代码	
	故障系统	电气系统	近期保养及维修情况		正常保养，更换过喇叭	
	现场交流故障现象简述					
故障原因初判断	□喇叭失效； □喇叭开关接触不良； □喇叭保险烧损； □线路断路； □其他：_____					
外出检修配件准备	根据故障原因初判断，拟准备配件：					
维修人员现场检查	现场检查（包含数据测量）： 检查保险丝，_____； 用万用表测量喇叭按键到喇叭的线路，_____； 拆解方向盘按喇叭检查，发现_____					
故障分析与判断						
现场维修记录						
备注：						
维修心得：						
维修人		编写人			日期	
维修相关照片或简图						
● 故障件图片			● 故障件近照			
描述：						

参考文献

[1] 李宏. 叉车操作工[M]. 北京：化学工业出版社，2009.

[2] 肖永清，王本刚. 叉车维修与养护实例[M]. 北京：化学工业出版社，2007.

[3] 陶新良. 内燃叉车和内燃牵引车的构造与维修[M]. 北京：中国物资出版社，2006.

[4] 桃元芳，卫良保. 叉车构造与设计[M]. 北京：机械工业出版社，2010.

[5] 江华，尹祖德. 叉车构造、使用、维修一本通[M]. 北京：机械工业出版社，2010.

[6] 蒋世忠，王凤喜. 柴油机的结构原理与维修[M]. 北京：机械工业出版社，2013.

[7] 杨国平. 工程汽车、叉车故障诊断与排除[M]. 北京：机械工业出版社，2009.

[8] 李建成，彭宏春. 叉车驾驶与维护[M]. 北京：机械工业出版社，2013.